JN024352

Cuisiner les viandes blanches,
les viandes rouges et les volailles à la française

フランス人は、
3つの調理法で
肉を食べる。

上田淳子

フランス人が好きな肉料理

フランス人は、大の肉好きです。

多くの日本人が霜降りの肉を最高！　と思うのに対し、フランス人は赤身肉を好みます。味わいが濃く、噛めば噛むほど肉のうまみを感じられる。これが赤身肉を好きな理由のよう。フランス人が赤身肉好きな理由はもうひとつあります。彼らは、無類のソース好き。ソースをおいしく味わう手段として、肉を食べる。濃厚なソースは脂の多い肉よりも赤身肉のほうが合う、だから赤身肉が好き！という説があるくらい。あながち間違っていない気がします。

私は昔から肉料理が大好きです。

フランスに料理修業に行くきっかけのひとつは、ハムやソーセージ、パテ、いわゆるシャルキュトリーといわれる肉の加工品を本場で学びたい、という思いでした。実際に現地で働いてみると、想像していた以上にフランスにはおいしい肉料理がたくさんあり、肉をおいしく調理するためにはその肉や部位の特徴を知ることが大切と学びました。そして、一番教えられたのが、食材へのリスペクト。フランス人は、食材を残さず最後までおいしく食べ尽くします。シャルキュトリーがその最たる例ですが、丸鶏をオーブンで焼いたときにも、まずは肉を、次の日は骨についている肉をこそいでサラダに、最後は骨を煮出してスープにして……というように、無駄にすることなくおいしく平らげるのです。

フランスの家庭料理における肉の調理法は、大きく分けると3つです。

フライパン焼き、煮込み料理、オーブン焼き。調理法も味つけも比較的シンプルですが、肉のおいしさを引き出すための下ごしらえ、火の入れ方にこだわるのがフランス流です。

この本では、ごちそうから毎日のおかずにぴったりな料理まで、フランスの家庭で親しまれている肉料理を幅広くご紹介しました。皆さんの食卓がより豊かになることを願っています。

上田淳子

肉事典

肉をおいしく食べたいなら、それぞれの部位の特徴を知ることが一番の近道。
本書で使用している肉を中心にご紹介します。

＊写真で紹介している部位には、★をつけています。

Le bœuf 牛肉

1_肩ロース／2_リブロース／3_サーロイン★／
4_ヒレ★／5_ランプ／6_イチボ★／7_もも★／
8_ともばら／9_肩ばら／10_すね★／
11_うちばら／12_肩／13_タン★

3. サーロイン

背肉の後半部の肉。リブロースと並ぶ、高級部位。脂肪がほどよく入り、やわらかく、濃い風味がある。ステーキの材料として人気が高い。脂肪が白、または乳白色のものを選ぶ。→ p.16

4. ヒレ

サーロインの内側にある腰椎に沿った細長い肉。脂肪が少なく上品な味わい。やわらかさを生かすステーキやステークタルタルにするとおいしい。長時間煮込む料理には不向き。→ p.24, p.44

6. イチボ

お尻の肉の一部で、ランプに続く小部位。イチボを合わせて「ランプ」と表示することが多い。サーロインのように霜降りの脂は甘く、きめが細かくてやわらかい。ステーキに向く。→ p.18

7. もも

筋肉の集まっている部分。脂肪が少なく、肉のきめは粗くてかたい。淡泊な味わいで、ローストビーフなどに向く。薄切り肉はステーキやステーク・アッシェにしても。
→ p.19, p.20, p.22,
p.24, p.26

10. すね

四肢のふくらはぎの部分の肉。発達した筋肉の集まりで筋が多いが、肉の味は濃厚。じっくり煮込むとほろりとやわらかくなり、コラーゲンが溶け出てコク深い味わいに。→ p.60

13. タン

牛の舌。表面のざらざらした皮は食べられないのでむいて調理。最近はむいて売られていることが多い。つけ根部分はやわらかく、先は筋っぽくややかたいがうまみが強く、タンシチュー向き。→ p.64

1. 肩ロース

ロースと肩の間にある、背部の肉。ほどよい脂があり、うまみもコクもあるのが特徴。ステーキ、煮込み、オーブン焼きなど幅広く使える。→p.28, p.62, p.70, p.72, p.80, p.81, p.100, p.108, p.118

Le porc 豚肉

1_肩ロース★／2_ロース★／3_ヒレ★／4_もも／
5_ばら／6_スペアリブ★／7_肩

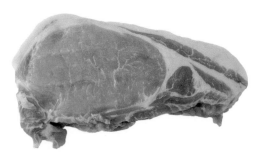

2. ロース

背中の中央部分の肉。肉部分はきめが細かくてやわらかく、風味がよい。おなじみのトンカツ、しょうが焼きによく使われる部位で、かたまり肉をオーブンで焼くローストポークやソテーにも。→p.31, p.48, p.98

3. ヒレ

ロースの内側にある、左右1本ずつの部位。きめが細かくてやわらかく、脂肪が少ない。味わいは上品で淡泊。ステーキやパン粉をつけて揚げ焼き、オーブン焼きにするとおいしい。→p.30, p.112

6. スペアリブ

ロースの下側の部分がばら。骨をつけたままのばら肉がスペアリブ。断面は赤身と脂肪が三層になっており、脂が濃厚で甘みとコクがある。煮込み、オーブン焼きに。→p.68, p.114

Le poulet 鶏肉

1. むね

胸部の肉。肉質はやわらかく、味は淡泊。濃厚なソースをかけて味わいたいフランス人は、もも肉よりあっさりしているむね肉をより好む傾向にある。→p.32, p.34, p.35

1_ むね★／2_ ささ身★／3_ もも★／4_ 手羽元★／
5_ 手羽先★／6_ 砂肝★／7_ レバー★／8_ ハツ

2. ささ身

むね肉に近接した部分で、骨に沿って左右に1本ずつある。脂肪が少なく、淡泊な味わい。透明感のあるピンク色をしているものが新鮮。火を通しすぎるとかたくなる。→ p.46, p.102

3. もも

脚からもも、もものつけ根までの肉。脂肪が多く、うまみが濃厚。骨の近くが一番うまみが強い。ソテー、煮込み、オーブン焼き……と幅広い料理に使える。→p.36, p.66, p.74, p.75, p.116

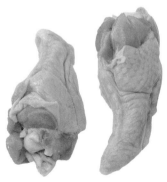

4. 手羽元

翼の根元の部分。脂肪が少なく、淡泊な味わいで、手羽先よりもあっさりしている。肉質はやわらかく、煮もの、オーブン焼きなど幅広い料理に使える。→ p.78, p.110

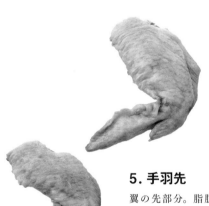

5. 手羽先

翼の先部分。脂肪やゼラチンが多く、濃厚な味わいとコクがある。骨からよい出汁が出るので、煮物やスープに向くほかオーブン焼きなどにも。→ p.110

6. 砂肝

鳥類が持つ胃の一部、砂嚢（さのう）と呼ばれる部分。ほとんど筋肉で構成されているので、コリッとした歯ごたえがあり、クセがなく食べやすい。白いかたい皮（銀皮）を取って使用する。→ p.50

7. レバー

鶏の肝臓部分。濃厚な味わいがあり、ねっとりとした食感。加熱しすぎるとモソモソするので、さっとソテーするほか、軽く煮てクリーム煮などに。パテ・ド・カンパーニュにも欠かせない食材。→ p.50, p.84, p.86, p.120

Le mouton 羊肉

1_肩／**2**_肩ロース／**3**_ロース★／
4_ヒレ／**5**_ばら／**6**_もも

Le canard 鴨肉

1_むね★／**2**_フォアグラ／**3**_もも

切り落とし肉

切り落とし肉は、そのまま焼いたり、みじん切りにしてシシカバブなどに。→ p.104

1. むね

鴨肉は鶏肉に比べて味が濃厚で、脂身が分厚いのが特徴。むね肉は、やわらかくて歯ごたえがあり、脂肪が甘い。ソテーするときは脂身に切り込みを入れ、脂を出して使用するとよい。焼き物のほか、煮込み、油で煮る「コンフィ」に。鴨のむね肉は「鴨ロース肉」とイコール。→ p.42

3. ロース

ラムは生後1年未満の仔羊のこと。生後2年から7年くらいまでの成長した羊の肉（マトン）に比べ、クセが少なく肉質がやわらかい。ラムの背肉のかたまりから、肋骨と肋骨の間に切り込みを入れて切り離した部位をラムチョップという。適度に脂がのり、うまみも強い。フライパンで焼くのに向く。→ p.38, p.40

CONTENTS

Part 1
Poêler
焼く

Part 2

Sauter et Mijoter
煮る

Part 3

Cuire au four
オーブン焼き

【この本の使い方】
・にんにくは芽を取ってから調理してください。
　芽がついていると焦げやすく、料理に苦みが出てしまいます。
・小さじ1＝5㎖、大さじ1＝15㎖、1カップ＝200㎖です。
・火加減は特に表記のない限り、中火です。
・レシピ上、野菜の「洗う」「皮をむく」などの通常の下ごしらえは
　省略してあります。特に指示のない限り、その作業をしてから調理してください。
・塩は特に表記のない限り、粗塩や自然塩を使用しています。
　精製塩を使う場合は、分量より少しだけ少なめにしてください。
・ワインは、白は辛口を、赤は渋みの少ないものを使用しています。
・オーブンは、ガスオーブンを使用しています。
　電気オーブンの場合は、レシピより20℃～30℃温度を上げてください。
　熱源、機種によって焼き具合に差が出る場合があります。
　お使いのオーブンに合わせて調整してください。
　指定の温度に予熱してから焼きます。
・電子レンジの加熱時間は600Wを基準にしています。
　500Wの場合は加熱時間を1.2倍に、700Wの場合は0.8倍にしてください。

1

Poêler
焼く

肉のおいしさをストレートに味わう「焼く」。
焼き目は食欲を誘い、
香ばしさをプラスしてくれる。
でも実は、なかなか難しい調理法です。

　調理法の中で一番シンプルなのが「焼く」。日本同様、フランスのどの家庭にもフライパンはあるし、なにしろ短時間でできるので毎日の調理には欠かせません。肉がこんがりと焼けたときの焼き目と香りは食欲をかきたてます。

　でも、この「焼く」という調理法、簡単そうに見えて、本当においしく仕上げるのは実はなかなか難しい。シンプルだからこそ、ごまかしがきかないのです。初心者はとかく弱気になりがち。生焼けを嫌うあまり、火を通しすぎて肉をパサパサにしてしまうことも多い。ジューシーさがなくなっては、せっかくの肉が台無し！　肉を自分の好きな加減に焼けたら、これほどうれしいことはないのに……!!　そこで、肉の種類、部位ごとになるべくわかりやすく、失敗しない焼き方をご紹介しました。

　実のところ、フランスの家庭でも毎日ステーキを食べているわけではありません。家でステーキを焼く家庭はそれほど多くなく、どちらかというとお店で食べる料理という位置づけ。ですが、肉の焼き方にはかなりのこだわりがあるし、ステーキを格上げしてくれるソースの味にももちろんうるさい（いい意味で）。長年、肉食である彼らのこだわりには、やはり見習うべきところが多々あるのです。

　肉の焼き方をマスターしたら、一生ものです。フランス人が好きなソースレシピもたくさん紹介したので、参考にしていただけたら、「肉のポワレ」の幅がぐんと広がると思います。ここではフライパンで作る「揚げ焼き」も併せてご紹介しました。

poêler おいしく「焼く」4つのコツ

室温にもどす

肉は焼く前に冷蔵庫から出しておく。冷蔵庫から出した直後の冷たい状態で焼きはじめると、表面が焼き上がっても肉の中心が温まらないため。厚さ1.5cmくらいの肉なら15分ほど前、厚さ2cm以上の肉は20分ほど前に冷蔵庫から出す。

塩味を
しっかりつける

肉には塩をしっかりふり、なじませてから焼く。目安は、肉の重量の1%弱（250gの肉なら、塩は2.3g程度＝小さじ½弱）、見た目には満天の星空をイメージ。また、塩を早めにふると肉汁が外に出てしまうので、必ず焼く直前にふる。

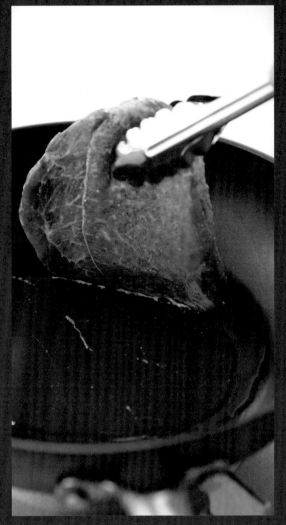

油をよく熱して
肉を入れる

フライパンに油を入れたら、油をよく熱してから
肉を入れる。熱い油に入れると肉のたんぱく質が
かたまり、肉のうまみが外に出ないため。ただし、
鶏もも肉などは、冷たい油に皮を下にして皮がこ
んがりと焼けるようにぴたっと貼りつけてから火
をつける。

むやみに
動かさない

フライパンに肉を入れたら、むやみに動かさず、
表面が焼きかたまるまではじっとガマンする。動
かせば動かすほど肉汁が肉の中から出てしまうた
め。また、焼き色をつけると、メイラード反応＊
により、風味がよくなる効果もある。
＊加熱により糖とアミノ酸などの間で褐色物質の「メラノイジン」など
ができる反応

ステーク・フリッツ

Steak frite

噛むほどにうまみが口の中に広がる、赤身肉のステーキ。
シンプルな塩こしょう味で、肉本来の味を楽しみます。
添えるのは、フレンチフライがフランス流。

材料（2人分）

牛サーロイン肉（ステーキ用・赤身多め）
　…（厚さ1.5cm）2枚
塩、こしょう … 各適量
サラダ油 … 小さじ1（または牛脂1かけ）
フレンチフライ（p.54）… 適量
クレソン … 適量

牛肉の厚さによる焼き方の違い
＊ステーキを焼くときは、大きさや重さより、
厚さが重要なポイントです。

[厚さ1cm程度の肉]
❶ 肉の厚さと同じ分数を焼き、返して片面も同様に焼く
　（1cm厚さの肉=1分+1分）
❷ アルミホイルで包み、焼いた分数（1cm厚さの肉=2分）休ませる

[厚さ1cm以上2cm未満の肉]
上記の①②の後（肉の厚さと同じ分数
—1.5cm厚さなら1分30秒ずつ—焼き）、アルミホイルから出し、
熱したフライパンで温める程度にさっと焼く

[厚さ2cm以上の肉]
＊ p.20「厚切りステーキ ローストビーフ風」同様に焼く
❶ 弱火で30秒焼き、返して30秒焼く、を繰り返し、
　ミディアムレアなら、中心温度計で中心温度55℃になるまで焼く
❷ アルミホイルに包む
❸ 熱したフライパンで温める程度に表面をさっと焼く

❶ 肉を室温にもどし、塩、こしょうをふる

牛肉は焼く15分ほど前に冷蔵庫から出す。焼く直前に塩、こしょうをふり、よくなじませる（塩の量は、肉の重量の1%弱が目安。イメージは満天の星空くらい）。

❷ フライパンに油を熱し、肉を入れる

フライパンにサラダ油を入れて強めの中火にかけ、油が熱くなったら牛肉を入れる。熱い油に肉を入れると肉の表面がかたまり、うまみを閉じ込めることができる。

❸ 動かさずに焼く

牛肉を入れたら触らず、肉の厚さと同じ分数（この場合は1分30秒）を焼く。動かすと肉汁が出てしまうので、じっと見守るのがコツ。

❹ 返してさらに焼く

1分30秒ほど焼いたら、表面に水分が浮いてくる。こうなったら、裏返すタイミング！　トングなどで肉を返し、同様に動かさずに1分30秒焼く。

❺ 取り出し、アルミホイルで包む

牛肉を取り出してアルミホイルで包み、焼いた分数（この場合は3分）おいて休ませ、余熱を入れるとともに、肉汁を落ち着かせる。

❻ 再び、表面をさっと焼く

④のフライパンを熱し、⑤の牛肉を片面10～15秒ずつ焼き、表面を温める。器に盛り、フレンチフライ、クレソンを添える。

ステーキ・オニオンタイムソース

Aiguillette de bœuf à la fondue
d'oignons au thym

炒めて甘みを出した玉ねぎと
タイムのさわやかな香りをつけた
ソースをたっぷりかけて。

材料(2人分)
牛イチボ肉(ステーキ用)…(厚さ1.5cm)2枚
塩、こしょう…各適量
サラダ油…小さじ1(または牛脂1かけ)

【オニオンタイムソース】
玉ねぎ…小1個(150g)
タイム…3枝
サラダ油…小さじ1
バルサミコ酢…大さじ1
塩、こしょう…各少々
バター…10g

① ソースの準備
玉ねぎはごく薄く切る。フライパンにサラダ油を
熱し、玉ねぎを入れ、しんなりして少し色づくま
で中火で炒める。タイム、水⅔カップを加え、ひ
と煮立ちしたら取り出す。

② 肉は室温にもどし、塩、こしょうをふる
牛肉は焼く15分ほど前に冷蔵庫から出す。焼く
直前に肉の重量の1%弱の塩、こしょうをふり、
よくなじませる。

③ フライパンで肉を焼く
①のフライパンをきれいにし、p.17の作り方②
〜⑤同様に焼く。

④ ソースを仕上げる
③のフライパンに①のソース、③のアルミホイル
に残った肉汁を入れて強火にかけてしっかり沸か
し、バルサミコ酢を加える。再び煮立ったら塩、
こしょうで味を調え、火を止めてバターを加えて
混ぜながらゆっくり煮る。器に③の牛肉を盛り、
ソースをかける。

ステーク・アッシェ

Steak haché aux jeunes pousses
mélangées

「アッシェ」は刻む。薄切り肉を刻んだ
ステーキのこと。粒マスタードを包んだら、
ソースなしで十分おいしい。

材料（2人分）

牛もも薄切り肉 … 250g
粒マスタード … 小さじ2
塩 … 小さじ⅓
こしょう … 少々
サラダ油 … 大さじ½
粗びき黒こしょう … 適量
ベビーリーフ、オリーブ油 … 各適量

❶ 肉を刻む

牛肉は包丁で細く切り、小口から細かく切って、
ひき肉状にする。

❷ 肉でマスタードを包む

①を等分にし、練らずにそれぞれ中央に粒マス
タード小さじ1を入れて包み、厚さ2cmのハン
バーグ状に形作り、表面に塩、こしょうをふる。
計2つ作る。

❸ フライパンで肉を焼く

フライパンにサラダ油を入れて中火にかけ、油が
熱くなったら②を入れ、片面2分〜2分30秒を目
安に両面焼く。

❹ 仕上げ

器に③を盛り、粗びき黒こしょうをふる。ベビー
リーフを添え、オリーブ油をかける。

point

ひき肉を広げて中央に粒マス
タードをのせ、肉でマスタード
全体を包み込む。

厚切りステーキ ローストビーフ風

Steak façon roast-beef à la purée de pommes de terre

厚切り肉の醍醐味は、ロゼ色に焼けた断面と
やわらかジューシーな口当たり、広がる肉のうまみ。
30秒焼いて返す、を繰り返し、焼き上がりは温度計で
中心温度を測ってチェックして好みの加減に焼き上げます。

> 厚みのある肉は、時間や見た目に左右されず、
> 温度計を使って判断しましょう。

材料（2人分）

牛赤身肉（もも肉など・ステーキ用）
　…（厚さ2〜2.5cm）大1枚（250g）
塩、こしょう … 各適量
サラダ油 … 小さじ1（または牛脂1かけ）
マッシュポテト（p.54）… 適量
粗びき黒こしょう … 適量

① 肉を室温にもどし、塩、こしょうをふる

牛肉は焼く20分ほど前に冷蔵庫から出す。焼く直前に塩、こしょうをふり、よくなじませる（塩の量は、肉の重量の1%弱が目安。イメージは満天の星空くらい）。

② フライパンに油を熱し、肉を入れる

フライパンにサラダ油を入れて中火にかけ、油が熱くなったら牛肉を入れる。熱い油に肉を入れると肉の表面がかたまり、うまみを閉じ込めることができる。

③ 30秒焼いて返す、を繰り返す

弱火で30秒焼いたら返し、30秒焼く。これを繰り返し、好みの焼き加減になるまで（5〜8分）焼く。この方法なら、厚さ2cm以上の牛肉を焼くとき、焼き加減を調整しやすい。

④ 肉の中心温度を確認する

肉の中心に中心温度計を刺し、温度を確認する。ミディアムレアなら、中心温度55℃前後。ミディアムなら、中心温度60〜65℃。ウエルダンなら中心温度70℃以上になるまで焼く。

⑤ 取り出し、アルミホイルで包む

牛肉を取り出してアルミホイルで包み、焼いた分数（5〜8分）おいて休ませ、肉汁を落ち着かせる。

⑥ 再び表面をさっと焼き、切り分ける

フライパンを強めの中火にかけ、熱くなったら⑤の牛肉を入れ、片面約15秒ずつ焼く。まな板に取り出し、切り口が大きくなるよう斜めに薄く切る。器にマッシュポテトを敷き、肉をのせ、アルミホイルに残った肉汁をかけ、粗びき黒こしょうをふる。

＊肉汁の赤い色が気になる場合は、肉汁をさっと温めてからかける。

牛ステーキとマッシュルームのサラダ

Rôti de bœuf à la salade de cresson
et champignons de Paris frais

ローストビーフ風の肉を野菜と合わせ、
ビネグレットソースであえた、メイン級サラダです。
苦みのあるクレソン、歯ごたえが楽しいマッシュルームが好相性。

材料(2人分)
牛赤身肉（もも肉など。ステーキ用）…
　（厚さ2〜2.5cm）大1枚（200g）
マッシュルーム（しっかりかたいもの）… 8個
クレソン … 1束
塩、こしょう … 各適量
サラダ油 … 小さじ1（または牛脂1かけ）

【ビネグレットソース】
ディジョンマスタード * … 小さじ1弱
塩、こしょう … 各少々
赤ワインビネガー … 小さじ1½
サラダ油 … 大さじ1
＊ディジョンマスタード … フランスのディジョン地方発祥の
　まろやかで風味のよいマスタード

❶ ビネグレットソースを作る
大きめのボウルにソースの材料のサラダ油以外を
入れ、泡立て器でよく混ぜて塩を溶かす。サラダ
油を少しずつ加えながら混ぜ、よく乳化させる。

❷ 野菜の準備
マッシュルームは石づきを落とし、ペーパータオ
ルで汚れを拭いて半分または5mm厚さに切る。

❸ フライパンで肉を焼き、切る
p.21の①〜⑥と同様に焼く。まな板に肉を取り
出し、切り口が大きくなるように斜めに薄く切る。

❹ あえる
①のボウルに②のマッシュルームを入れてざっ
くり混ぜ、③の牛肉も加えてあえる。器に盛り、
食べやすくちぎったクレソンを散らす。

ステークタルタル
Tartare de bœuf mi-cuit

レアに焼き上げた肉をたたいてミンチ状にし、
細かく刻んだ野菜や調味料を混ぜて食べる料理です。
上品な味わいのヒレ肉なら、あっさりとした味わい。

材料（2人分・直径9cmのセルクル1個分）
牛赤身肉（ヒレ肉、もも肉など。ステーキ用）
　…（厚さ2～2.5cm）150～200g
塩、こしょう … 各適量
オリーブ油 … 小さじ1

【 薬味と調味料 】
玉ねぎ … 10g（大さじ1）
パセリ（みじん切り）… 大さじ1
コルニッション*1（みじん切り）… 大さじ1
ケッパー（粗みじん切り）… 大さじ1
ディジョンマスタード*2 … 大さじ½
粗びき黒こしょう、粗塩 … 各適量
オリーブ油 … 小さじ1～2
*1 コルニッション … フランスの小ぶりなきゅうりのピクルス
*2 ディジョンマスタード … フランスのディジョン地方発祥の
　 まろやかで風味のよいマスタード

❶ 肉を室温にもどし、塩、こしょうをふる
肉は焼く20分ほど前に冷蔵庫から出す。焼く直
前に塩、こしょうをふり、よくなじませる（塩の量
は、肉の重量の1％弱が目安。イメージは満天の
星空くらい）。

❷ フライパンで肉を焼く
p.21の作り方①～④を参照してレアに焼き上げ
（肉の中心温度50℃程度）、バットなどに取り出し、
粗熱が取れたら冷蔵庫で冷やす。

❸ 薬味の野菜の準備
玉ねぎはみじん切りにして水にさらし、水けを
しっかり絞る。

❹ 肉を刻む
②の牛肉を包丁で薄く切ってから細かく切り、さ
らに包丁でミンチ状になるまでたたく。

❺ 仕上げ
器にセルクルを置いて④の牛肉を詰め、セルクル
を取り、肉の周りに③の玉ねぎと残りの薬味と調
味料を盛り、肉にオリーブ油をかける。全体をよ
く混ぜて食べる。

point
薄切りにしてから細かく切り、
さらに包丁でたたいて、ミンチ
状に切る。

スパイスビーフソテー
フレッシュトマトソース

Sauter de bœuf aux épices et concassé de tomates fraiches

ふんわりと包んだ肉の間にトマトソースが染み込み、
肉の脂とあいまって、なんともいえないおいしさ。
スパイスとハーブの香りが味わいをランクアップさせます。

材料（2人分）
牛もも薄切り肉 … 200g
A
| コリアンダーシード … 小さじ⅔
| ピンクペッパー … 小さじ⅔
| 塩 … 小さじ¼
| こしょう … 少々

【フレッシュトマトソース】
トマト … 大1個（200g）
エストラゴン* … 1枚
赤ワインビネガー … 大さじ1
オリーブ油 … 大さじ1½
塩、こしょう … 各少々
*エストラゴン … タラゴンとも呼ばれる、甘い香りと苦みが
　特徴のハーブ。ない場合はバジル4〜5枚で代用を

オリーブ油 … 大さじ½

❶ スパイスの準備
Aのコリアンダー、ピンクペッパーはペーパータ
オルで包み、ビンや厚い鍋底などで軽くつぶす。

❷ 肉に下味をつけ、まとめる
牛肉を2等分にし、ふんわりほぐすように広げ、
Aの塩、こしょうを全体にふってよくなじませ、
コリアンダー、ピンクペッパーを内側に入れて、
軽くまとめる（決してギュッと押さない）。

❸ トマトソースを作る
トマトは横半分に切って種を取り除き、1cm角に
切る。エストラゴンは葉を摘んで軽くもむ。ボウ
ルにソースの材料を入れて混ぜ、冷蔵庫で冷やす。

❹ フライパンで肉を焼く
フライパンにオリーブ油を入れて中火にかけ、油
が熱くなったら②の肉を入れ、ふたをして2〜3
分焼く（焼くのは片面のみ。焼いていない上部が
白っぽくなればOK）。

❺ 仕上げ
器に④の肉を盛り、食べる直前に③のソースをか
ける。

point

a_肉にスパイスをふり、肉で軽
く包み込むのがコツ。
b_焼くのは片面のみ。ふたをし
て焼き、全体に軽く、やさしく
火を通す。

ポークステーキ
ラビゴットソース

Échine de porc sauce ravigote

ほどよい脂がある肩ロース肉のステーキに、コルニッションや粒マスタードの酸味のきいたソースをたっぷり！
豚肉は焼きすぎるとパサつくので注意して。

材料（2人分）

豚肩ロース肉（ステーキ用）
　…2枚（250〜300g）
塩 … 小さじ⅓〜½
こしょう … 少々
サラダ油 … 小さじ1
ゆでじゃがいも … 2個

【ラビゴットソース】

玉ねぎ … 30g
コルニッション＊ … 5〜6個（25g）
パセリ（みじん切り）… 大さじ1
粒マスタード … 小さじ1
塩、こしょう … 各少々
赤ワインビネガー … 大さじ1
サラダ油 … 大さじ1½

＊コルニッション … フランスの小ぶりなきゅうりのピクルス

1　ラビゴットソースを作る

玉ねぎはみじん切りにして水に10分ほどさらし、水けを絞る。コルニッションは5mm厚さの輪切りにする。ボウルにサラダ油以外の調味料を入れてよく混ぜ、サラダ油を少しずつ加え、残りの材料を混ぜる。

2　肉を室温にもどし、塩、こしょうをふる

豚肉は焼く15分ほど前に冷蔵庫から出す。焼く直前に塩、こしょうをふり、よくなじませる。塩を焼く直前にふるのは、塩をふってしばらくおくと、水分が出てきてかたくなるため。

3　フライパンに油を熱し、肉を入れる

フライパンにサラダ油を入れて中火にかけ、油が熱くなったら豚肉を入れる。熱い油に肉を入れる理由は、瞬時に肉の表面をかためてうまみを閉じ込めるのが目的。

4　肉を焼く

豚肉を動かさずに2分30秒ほど焼き、表面に水分が浮いてきたら返すタイミング。時間と状態の両方で覚えておくとよい。

5　返して、もう片面も焼く

豚肉を返し、さらに中火で2分30秒ほど焼く。返すとき同様、表面に水分が浮いてきたら、中まで火が通った証拠。

6　仕上げ

器に⑤の肉を盛り、ゆでじゃがいもを添え、①のソースをかける。

豚ヒレ肉のステーキ
クリームソース

Filet mignon à la crème et à la moutarde

あっさりしたヒレ肉には濃厚ソースを合わせて。
パサつきやすい肉なので、
オイルをからめてから弱火でゆっくり焼きます。

材料（2人分）
豚ヒレ肉…（太めの部分）厚さ2.5cm ×6枚
塩 … 小さじ¼
こしょう … 少々
サラダ油 … 大さじ1

【クリームソース】
白ワイン … ¼ カップ
生クリーム（乳脂肪分40％台）… ½ カップ
ディジョンマスタード * … 大さじ1
レモン汁 … 小さじ1
塩、こしょう … 各少々
＊ディジョンマスタード … フランスのディジョン地方発祥の
　まろやかで風味のよいマスタード

❶ 肉に塩、こしょうをふり、1時間おく
豚肉に塩、こしょうをふってよくなじませ、サラ
ダ油をからめて冷蔵庫で1時間ほどおく。

❷ クリームソースを作る
小鍋に白ワインを入れて中火で煮立てる。半量程
度に煮詰まったら生クリームを加え、とろりとし
たら火を止め、マスタード、レモン汁を加え、塩、
こしょうで味を調える。

❸ フライパンで肉を焼く
フライパンにサラダ油少々（分量外）を入れて弱
めの中火にかけ、油が少し温まったら豚肉を入れ、
弱火にして触らずに3分ほど焼く。肉を返してさ
らに2分ほど焼き、肉を立てて側面も軽く焼き、
赤い部分がなくなったら取り出す。肉をアルミホ
イルで包み、5分ほどおいて休ませる。

❹ 再び焼き、焼き色をつける
フライパンを強めの中火にかけ、③の肉を入れて
表面に焼き色をつける。器に盛り、②のソースを
再び温めてかける。好みでパンを添える。

ポークステーキ
プロヴァンサルソース

Côte de porc à la provençale

ほどよく脂があるロース肉には、
トマト入りさっぱりソースを
組み合わせます。

材料（2人分）

豚ロース肉（ステーキ用）… 2枚（250〜300g）

塩 … 小さじ⅓〜½

こしょう … 少々

サラダ油 … 小さじ1

【プロヴァンサルソース】

トマト … 大1個（200g）

オリーブ（黒）… 6個（20g）

バジルの葉 … 6枚

にんにく（つぶす）… 小1かけ

オリーブ油 … 大さじ1

塩、こしょう … 各少々

❶ ソースの準備

トマトは半分に切って種を軽く取り除き、大きめ
の角切りにする。オリーブは指でつぶす。バジル
の葉は粗くちぎる。

❷ 肉は室温にもどし、塩、こしょうをふる

豚肉は焼く15分ほど前に冷蔵庫から出す。豚肉
は両面からしっかり筋切りし、塩、こしょうをふっ
て、よくなじませる。

❸ フライパンで肉を焼く

フライパンにサラダ油を入れて中火にかけ、油が
熱くなったら豚肉を入れて2分30秒焼く。肉を返
し、もう片面も2分30秒焼き、器に盛る。

❹ ソースを作り、肉にかける

③のフライパンをペーパータオルで軽く拭き、オ
リーブ油、にんにくを入れて中火にかけ、香りが
出てきたらトマト、オリーブを加えてさっと炒め
る。トマトが軽く煮えたら塩、こしょうで味を調
え、バジルを混ぜて肉にかける。

鶏むね肉の
レモンバターソース

Blanc de poulet frit à la poêle,
sauce au beurre citronné

あっさり味のむね肉に、レモンの香りをつけた
コクありバターソースをかけていただく料理。
厚みがあるむね肉は、アロゼ＝油をかけながら焼き上げます。

材料（2人分）
鶏むね肉 … 小2枚（400g）
塩 … 小さじ½
こしょう … 少々
小麦粉 … 適量
サラダ油、オリーブ油 … 各大さじ2

【レモンバターソース】
レモン汁 … 大さじ1½
レモンの皮（細切り） … 適量
にんにく（みじん切り） … 小1かけ
バター … 30g
塩、こしょう … 各少々

❶ 肉に粉をまぶす

鶏肉は塩、こしょうをふってやさしくなじませ、小麦粉を薄くまぶして余分な粉は落とす。小麦粉をまぶすのは、うまみを外に出さないためと、香ばしく焼くため。

❷ フライパンに油を熱し、肉を入れる

鶏肉が2枚入るくらいのフライパン（直径20cm）にサラダ油、オリーブ油を入れて中火にかける。油が熱くなったら鶏肉を皮目を下にして入れる。

❸ 肉を焼き、油をかける

弱火にし、スプーンを使って、鶏肉の分厚い部分にフライパンの中の油をかけながら2分ほど焼く。鶏肉や鴨肉などの分厚い肉は、熱い油をかけて上側からも火を通すのがコツ。

❹ もう片面も油をかけながら焼く

鶏肉を返し、皮面にもフライパンの中の油をかけながら2分ほど焼く。さらに返し、油をかけながら2分ほど焼く、を繰り返し、肉の中心温度が70℃弱になるまで焼く（焼き時間の目安は12〜15分）。

❺ アルミホイルで包み、休ませる

フライパンから鶏肉を取り出してアルミホイルで包み、5分ほどおいて休ませる。フライパンでしっかり火が通る手前まで火を入れ、アルミホイルで包んで余熱を入れると、パサつかない。

❻ ソースを作り、肉にからめる

フライパンの油を捨ててペーパータオルで軽く拭き、バター、にんにくを入れて弱めの中火にかけ、バターが溶けて泡立ってきたら鶏肉を戻し入れてバターをからめ、レモンの皮、レモン汁を加えて煮立てる。器に肉を盛り、ソースは塩、こしょうで調味し、肉にかける。

鶏むね肉の
コルドンブルー風

Cordon bleu

揚げたときにハムとチーズがはみ出ないよう、
肉でしっかり包み込みます。

材料(2人分)

鶏むね肉(皮なし)… 大1枚(350〜400g)

スライスチーズ … 4枚

ハム … 2〜4枚

こしょう … 少々

小麦粉、溶き卵、パン粉(細かめ)、揚げ油
　… 各適量

【トマトソース】

トマト缶(ダイスカット)… ½缶(200g)

オリーブ油 … 大さじ1

塩、こしょう … 各少々

❶ トマトソースを作る

小鍋にトマト缶、オリーブ油を入れて中火にかけ、
煮立ったら弱火にし、ぽてっとしたかたさになる
まで5分ほど煮て、塩、こしょうで味を調える。

❷ 肉をたたいてのばす

鶏肉は斜めに4等分に切り、それぞれラップではさんで空き瓶などでたたいてチーズより一回り大きくのばす(中心部が少し厚めで周りが薄めになるように)。

❸ 肉でチーズ、ハムをはさむ

鶏肉1枚にハム1〜2枚、チーズ2枚を順にのせ、はみ出た鶏肉で具を包むように内側に折る。もう1枚の鶏肉をチーズ面にのせ、はみ出た鶏肉を内側に折って包み込む。同じものをもう1つ作る。肉の重なり部分をしっかり押さえ、両面にこしょうをふり、小麦粉、溶き卵、パン粉の順に衣をつける。

❹ 揚げ焼きにする

フライパンに揚げ油を高さ5mmほど入れて熱し、③を入れて6〜7分揚げ焼きにする。器に盛り、①をかける。

鶏むね肉の
ほうれん草クリームソース

Blanc de poulet à la crème et aux épinards

あっさりめのむね肉に、ほうれん草入りの
濃厚なクリームソースが相性バツグン。

材料（2人分）
鶏むね肉 … 1枚（300g）
塩 … 小さじ⅓
こしょう … 少々
小麦粉 … 適量
サラダ油、オリーブ油 … 各大さじ2

【ほうれん草クリームソース】
ほうれん草 … 100g
玉ねぎ（みじん切り）… 大さじ3（30g）
にんにく（みじん切り）… 小½かけ
生クリーム（乳脂肪分40％台）… ½カップ
塩、こしょう … 各少々

❶ ソースの準備
ほうれん草は熱湯でさっとゆで、水にとって水け
を絞り、小口から細かく刻む。

❷ 肉に粉をまぶし、フライパンで焼く
p.33の「鶏むね肉のレモンバターソース」の作り
方①〜⑤と同様に焼く（フライパンは直径20cm）。

❸ ソースを作る
②のフライパンの油を捨ててペーパータオルで
軽く拭き、玉ねぎ、にんにくを入れて弱めの中火
にかける。香りが出てしんなりしたらほうれん草
を加え、さっと炒める。生クリームを加え、煮立っ
たら塩、こしょうで味を調える。

❹ 仕上げ
鶏肉を食べやすく切って器に盛り、③のソースを
かける。

鶏骨つき肉の
レモンハーブ焼き

Cuisse de poulet farcie aux herbes et au citron

鶏骨つき肉をフライパンで香ばしく焼く方法です。
コツは、厚みを均一にして冷たい油に入れる、
まずは蒸し焼きにし、返したらふたなしで焼くこと。

材料(2人分)
鶏骨つきもも肉 … 2本(700〜800g)
レモン(輪切り)… 4枚
ローズマリー …(長さ3cm)2本
タイム … 2〜4本
塩 … 小さじ1

こしょう … 少々
オリーブ油 … 小さじ1
ローズマリー(好みで)… 適量

① 肉に切り込みを入れる

鶏肉は皮目を下にして置き、骨の両側にしっかり切り込みを入れ、骨の周りの筋を切り、骨を浮き出させる。骨がついている部分は火が通りにくいので、なるべく厚さを揃えて焼き時間を均一にする。

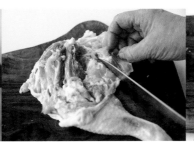

② 肉を平らに広げる

鶏肉の分厚いところに切り込みを入れ、平らに広げる。作り方①同様、できるだけ平らに広げて厚みを均一にすることで、火の通り具合を揃える。

③ 下味をつけ、レモン、ハーブをはさむ

鶏肉の両面に塩、こしょうをふってよくなじませ、皮をめくってレモン1枚ずつ、ハーブの半量ずつをはさみ、皮をかぶせて元の形に戻す。レモンとハーブは風味づけの役目。

④ 冷たいフライパンに肉を入れる

フライパンにオリーブ油を入れ、鶏肉を皮目を下にしてしっかり貼りつけ、肉の上に残りのレモンを1枚ずつのせる。油をひいた冷たいフライパンに皮を貼りつけると、皮目が縮まず、しっかり焼ける。

⑤ ふたをして蒸し焼きにする

ふたをして中火にかけ、パチパチと音がしてきたら弱火にして10分ほど焼き、こんがりとした焼き色をつける。焼き色が浅い場合は、少し火を強めてさらに2分ほど焼く。

⑥ 裏面はふたを取って焼く

肉を返し、ふたをしないで5分ほど焼く*。皮目をカラリと仕上げたいので、返してからはふたをしないのがコツ。器に盛り、好みでローズマリーを飾る。
＊鶏肉の大きさにより、焼き時間を加減する。

ラムチョップの
バジルミントソース

Côtelettes d'agneau à la sauce menthe basilic

焼きが甘いと臭みが気になり、焼きすぎるとかたくなるラム。
ポイントは側面を焼いて脂を落とし、余熱で火を通すこと。
こんがり焼けたら、さわやかソースでどうぞ。

材料(2人分)
ラムチョップ…(厚さ2cm)6本(360g)
塩…適量
こしょう…少々
オリーブ油…小さじ1

【バジルミントソース】
バジルの葉、ミントの葉…大各10枚
赤ワインビネガー…大さじ½
ディジョンマスタード*…小さじ1
オリーブ油…大さじ1
塩、砂糖…各1つまみ
＊ディジョンマスタード…フランスのディジョン地方発祥の、
　まろやかで風味のよいマスタード

① バジルミントソースを作る

すり鉢にバジル、ミントを入れてすりつぶし(すり鉢がない場合は細かく刻む)、赤ワインビネガー、マスタード、オリーブ油を加えて混ぜ、塩、砂糖を加えて味を調える。

② 肉を室温にもどし、塩、こしょうをふる

ラムチョップは焼く15分ほど前に冷蔵庫から出す。焼く直前に塩、こしょうをふってよくなじませる(塩の量は、肉の重量の1%弱が目安。イメージは満天の星空くらい)。

＊脂身が分厚い場合は、脂身に格子状の切り込みを入れておくとよい。

③ フライパンで肉の側面を焼く

フライパンにオリーブ油を入れて中火にかけ、油が熱くなったら肉の側面の骨がついていない部分を下にして1分ほど焼き、軽い焼き色をつける。こうすると脂が落ち、食べやすくなる。

④ 肉の広い面を焼く

肉を倒して広い面を下にし、中火で2分〜2分30秒焼く。表面に油がにじみ出てきたら、返すタイミング。肉を返し、もう片面も中火で2分ほど焼く。

⑤ アルミホイルに包み、休ませる

肉を取り出してアルミホイルで包み、焼いた分数(この場合は5分〜5分30秒)おいて休ませる。かたくなるので、ラムは焼きすぎず、余熱で火を通すとよい。

⑥ 再び、さっと焼く

再度フライパンを熱し、⑤の肉の広い面を15秒ずつ焼く。仕上げに焼くことで、温めると同時に、ちょうどいい焼き色をつける。器に盛り、①のソースをかける。

ラムチョップのハーブパン粉焼き

Côtelettes d'agneau en croûte d'herbes

フライパンで両面にほぼ火を入れたら、
ハーブ香るパン粉をのせて
オーブントースターでカリカリに焼きます。
マスタードのほのかな酸味も美味。

材料(2人分)
ラムチョップ…(厚さ2cm) 6本(360g)
塩…適量
こしょう…少々
オリーブ油…小さじ1
ディジョンマスタード*…大さじ1
ミニトマト…6個
*ディジョンマスタード…フランスのディジョン地方発祥の
　まろやかで風味のよいマスタード

【プロヴァンス風パン粉】
にんにく(みじん切り)…小さじ⅓
パセリ(みじん切り)…大さじ1
パン粉…½カップ
オリーブ油…大さじ2

❶ パン粉、オーブントースターの準備
ボウルにプロヴァンス風パン粉の材料を入れ、混ぜ合わせる。オーブントースターの天板にホイルを敷く。

❷ 肉を室温にもどし、塩、こしょうをふる
ラムチョップは焼く15分ほど前に冷蔵庫から出す。焼く直前に塩、こしょうをふってよくなじませる(塩の量は、肉の重量の1%弱が目安。イメージは満天の星空くらい)。
*脂身が分厚い場合は、脂身に格子状の切り込みを入れておくとよい。

❸ フライパンで肉を焼く
フライパンにオリーブ油を入れて中火にかけ、油が熱くなったら肉を骨がついていない側面を下にして1分ほど焼き、軽い焼き色をつける。広い面を下にし、表裏それぞれ中火で1分30秒ずつ焼く。

❹ オーブントースターで焼く
①の天板に③をのせ、表面にマスタードを塗り、①のパン粉を平らにのせて軽く押さえ、ミニトマトを周りに置く。パン粉に焼き色がつくまで5分ほど焼く。
*オーブンの場合は、220℃で6〜7分焼く。

point

肉の上面にマスタードを塗り、
その上にプロヴァンス風パン粉
をのせる。

鴨肉の
オレンジソース

Filet de canard à l'orange

濃厚な味わいの鴨肉とオレンジソースはベストな相性。
鴨肉は脂が多いので、切り込みを入れて脂を出しやすくし、
肉から出た脂をかけながらじっくり焼いていきます。

材料（2〜3人分）
鴨むね肉 … 1枚（400〜500g）
塩 … 小さじ⅓
こしょう … 少々

【オレンジソース】
赤ワインビネガー … 大さじ½
白ワイン … 大さじ1
砂糖 … 小さじ2
塩、こしょう … 各少々
バター（小さな角切り・
　冷やしておく）… 20g

オレンジ果汁 … ½カップ
オレンジの果肉 … ½個分
オレンジの皮（すりおろす）… 少々

① 肉に切り込みを入れる

鴨肉の皮目に格子状の切り込みを入れる。焼いているときに切り込みから鴨肉の脂が落ち、脂っぽさが軽減する。また、臭みは脂の中にあるので、脂を落とすことで臭みも抜ける。

② フライパンで肉を焼く

フライパンに鴨肉を皮目を下にして皮を貼りつけ、弱めの中火にかける。脂が溶け出してきたら、スプーンで脂を肉にかけながら焼く。焼き時間の目安は、400gの肉は8分、500gの肉は12分。

③ 肉を返して焼き、アルミホイルで包む

肉を返し、身側は2分ほど焼く。再び返して（皮側を下にし）2分ほど焼く。中心温度を確認し、肉を取り出してアルミホイルで包み、焼いた分数おいて休ませる（400gの肉は12分、500gの肉は16分）。
＊中心温度はp.21❹参照

ソース

④ カラメルを作る

ボウルに赤ワインビネガー、白ワインを合わせる。小鍋に砂糖、水小さじ1を入れて中火にかけ、茶色いカラメルになったら火を止め、合わせておいた赤ワインビネガーと白ワインを加える。

⑤ オレンジ果汁、肉汁を加える

再び小鍋を中火にかけ、半量になるまで煮詰める。オレンジ果汁を加え、煮立ったら③のアルミホイルにたまった肉汁も加え、煮汁が半量になるまで煮詰める。

⑥ オレンジ果肉、バターを加える

オレンジの果肉、皮を加えてさっと温め、塩、こしょうで味を調える。火を止め、バターを加えて、鍋を揺すりながら溶かす。③の肉を食べやすく切って器に盛り、ソースをかける。

牛肉のブロシェット

Brochettes de bœuf au romarin

ローズマリーを串に見立てた、ブロシェット風。
すっきり爽快な香りが肉全体を包み込みます。
赤身肉はマリネしてから焼くと、パサつかず、しっとり。

材料（2人分）
牛赤身ブロック肉（もも、ヒレなど）… 350g
ローズマリーの枝 …（太め）4本
塩、こしょう … 各適量
オリーブ油 … 大さじ1＋小さじ1
岩塩、粗びき黒こしょう（好みで）… 各適量

❶ 肉にローズマリーを刺す
牛肉は16等分（約2cm角）の角切りにし、菜箸で中央に穴を開ける。牛肉を4切れずつに分け、ローズマリーを1本ずつ刺す。

❷ 肉に下味をつけ、マリネする
①に塩、こしょうをふってよくなじませる（塩の量は、肉の重量の1％弱が目安。イメージは満天の星空くらい）。バットに並べ、オリーブ油大さじ1をかけて全体にからめ、10分ほどおく。

❸ フライパンで肉を焼く
フライパンにオリーブ油小さじ1を入れて中火で熱し、油が熱くなったら②を並べ、1面1分ずつ4面焼く（計4分）。

❹ 仕上げ
器に盛り、好みで岩塩、粗びき黒こしょうをふる。

point

a_牛肉の中央に菜箸を刺し、穴を開ける。
b_菜箸で開けた穴にローズマリーの枝を根本から刺す。ローズマリーは太めのものが刺しやすい。

細切り鶏ささ身のパン粉揚げ

Aiguillettes de poulet panées

イメージしたのは、グージョンという魚に見立てて
白身魚を細長くカットし、衣をつけて揚げる料理・グージョネット。
味わいが似ているささ身を使い、軽いおつまみを完成させました。

材料（2人分）
鶏ささ身 … 4本（240〜250g）
塩、こしょう … 各少々
小麦粉、溶き卵、パン粉（細かめ）、揚げ油
　… 各適量

【 タルタルソース 】
ゆで卵 … 1個
玉ねぎ（みじん切り）… 30g
ケッパー（みじん切り）… 大さじ½
コルニッション*（みじん切り）… 2本（10g）
パセリ（みじん切り）… 大さじ1½
レモン汁 … 小さじ1
マヨネーズ … 大さじ3
*コルニッション … フランスの小ぶりなきゅうりのピクルス

❶ タルタルソースを作る
ゆで卵はみじん切りにする。ボウルにソースの材料を入れて混ぜる。

❷ 肉に下味をつけ、衣をつける
ささ身は筋を取り、斜めに4等分の棒状に切り、塩、こしょうをふって軽くなじませる。小麦粉、溶き卵、パン粉の順に衣をつける。

❸ 揚げる
フライパンに高さ5mmほど揚げ油を入れて熱し、熱くなったら②を入れ、カリッとするまで3〜4分揚げる。

❹ 仕上げ
器に③を盛り、①を添える。

point

a_ささ身は長めの斜め切りにし、表面積を大きくして火の通りをよくする。
b_油に入れたら最初は触らず、表面がかたまってきてから返し、全体をこんがりと色づくまで揚げる。

エスカロップ・パネ

Escalope de poulet panée

「エスカロップ」は薄切り、「パネ」はパン粉をまぶすこと。
薄くした肉にパン粉をつけて揚げた料理を意味します。
もも肉を使うところをロース肉で代用し、脂を取って作ると、やわらかくおいしい！

材料（2人分）

豚ロース肉（ステーキ用）… 2枚（300g）
塩 … 小さじ¼
こしょう … 少々
小麦粉、溶き卵 … 各適量

【 **チーズパン粉** 】

パン粉（細かめ）… ½カップ
粉チーズ … 大さじ2

揚げ油 … 適量
レモン … ½個
パセリ … 2枚

❶ チーズパン粉を作る

バットなどにパン粉、粉チーズを入れ、混ぜ合わせる。

❷ 肉の脂を取り除き、のばす

豚肉は外側の厚い脂の部分を切り落とし、両面からしっかり筋切りする。ラップではさみ、空き瓶やめん棒などでたたいて5mm厚さにのばす。

❸ 肉に下味、衣をつける

②の肉の片面に塩、こしょうをふってよくなじませ、全体に小麦粉をしっかりまぶして余分な粉を落とし、溶き卵、①のパン粉の順に衣をつける。最後に手ではさみ、衣をしっかりなじませる。

❹ 肉を揚げ焼きにする

フライパンに高さ5mmほどの揚げ油を入れ、熱くなったら③の豚肉を入れ、片面2分ずつくらい（両面で4分くらい）を目安に揚げ焼きにする。半分に切ったレモン、パセリを添える。

point

a_豚肉をたたくときはラップではさみ、ラップの上から空き瓶などでたたいて薄くのばせば、まな板も汚れない。
b_粉チーズを混ぜたパン粉をたっぷりつける。はがれ落ちないよう、最後にしっかり押さえるとよい。

砂肝とレバーのサラダ仕立て
ベーコンホットドレッシング

Salade de gésiers et de foie de volaille

砂肝やレバー、ハツをおいしく食べるレシピ。
さっと焼いたら、たっぷりの葉野菜と合わせ、
ベーコンで味出し。
酸味のあるドレッシングがポイントです。

材料（2人分）

鶏レバー、ハツ、砂肝 … 計300g
ベーコン（ブロック）… 40g
ベビーリーフ … 小1袋（30g）
グリーンカール … 2〜3枚
塩、こしょう … 各適量
オリーブ油 … 小さじ1＋大さじ1
赤ワインビネガー … 大さじ1½
粒マスタード … 小さじ1
パセリ（みじん切り）… 大さじ1

❶ レバーなどの準備

レバーは筋と脂を取って食べやすく切り、ハツは半分に切る。水の中で揺すり洗いし、血のかたまりを取り除き、きれいな水に5分ほどつけて血抜きし、ペーパータオルで水けを拭く。砂肝は銀皮（かたい皮の部分）を取り除き、1個を半分に切る。ベーコンは5mm角の棒状に切る。

❷ 野菜の準備

ベビーリーフ、グリーンカールは食べやすくちぎり、水につけてパリッとさせ、サラダスピナーなどで水けをしっかり取って器に盛る。

❸ フライパンでレバーなどを焼く

レバー、ハツ、砂肝に塩2つまみ、こしょう少々をふる。フライパンにオリーブ油小さじ1を入れて中火にかけ、油が熱くなったらレバー、ハツ、砂肝を入れ、ときどき返しながら3〜4分炒めて中まで火を通し、②にのせる。

❹ ベーコンを炒め、味つけ

③のフライパンをさっと洗い、オリーブ油大さじ1、ベーコンを入れて中火にかけ、カリッとするまで炒める。塩、こしょう各少々をし、赤ワインビネガーを入れてすぐに火を止め、粒マスタードを加えて混ぜる。熱いうちに③にかけ、パセリをふる。

point

a_砂肝は白くかたい皮＝銀皮を取り除く。銀皮は両端、中央にある、白くかたい部分。
b_まず、端の銀皮を切り落とす→中央までを半分に切る→中央の銀皮を切り落とす→半分に切り、一番端の銀皮を切り落とす。

肉に合わせるソースの話

焼いた肉のソースには、2パターンあります。

ひとつは、肉を焼いたフライパンで材料を炒め、肉のうまみをソースに利用するタイプ。

もうひとつは、ボウルで材料を混ぜ合わせるタイプ。

前者は、牛肉などのうまみが多い肉を焼き、そのうまみを余すところなく

ソースに使いたいときや玉ねぎなどの野菜を炒めてソースを作るときに。

後者はややこってりした脂多めの肉などを、

さっぱりと食べたいときに作るドレッシング的なソースです。

フライパンで作るソース

オニオンタイムソース (p.18)
Fondue d'oignon au thym

牛肉のほか、豚肉、鶏肉など、
肉の種類と部位を選ばず、万能に使えるソース。

ほうれん草クリームソース (p.35)
Poêlée d'épinards et sauce à la crème

比較的あっさりしている肉を焼いたものに向く。
例えば、豚ヒレ肉や豚もも肉など。

ボウルで混ぜるだけソース

どのソースも、材料の記載順に油の前まで（マヨネーズは、マヨネーズの前まで）を混ぜ、
油を少しずつ加えて混ぜ、そのほかの材料を混ぜる。

ナッツビネグレットソース

Vinaigrette à la moutarde de
Dijon aux noix

材料（作りやすい分量）

ディジョンマスタード* … 小さじ1
塩、こしょう … 各少々
赤ワインビネガー … 大さじ1
サラダ油 … 大さじ2
ミックスナッツ（ロースト・無塩、粗く刻む）… 大さじ1

*ディジョンマスタード … フランスのディジョン地方発祥の
まろやかで風味のよいマスタード

【 こんな焼いた肉に 】
牛肉、豚肉、鶏肉など、どんな肉にも合う。

パプリカマヨネーズソース

Mayonnaise au
poudre de paprika

材料（作りやすい分量）

プレーンヨーグルト … 大さじ1
塩、こしょう … 各少々
マヨネーズ … 大さじ2
パプリカパウダー … 小さじ½
カイエンヌペッパー … 少々

【 こんな焼いた肉に 】
ラム肉や、牛肉、豚肉などの赤身肉など。
エスニックな味わいに仕上げたいときに。

ディルマヨネーズソース

Mayonnaise à l'aneth

材料（作りやすい分量）

プレーンヨーグルト … 大さじ1
塩、こしょう … 各少々
マヨネーズ … 大さじ2
ディルの葉（刻む）… 大さじ½

【 こんな焼いた肉に 】
鶏むね肉、豚ヒレ肉など、脂少なめのさっぱりした肉によく合う。

カレービネグレットソース

Sauce vinaigrette au curry

材料（作りやすい分量）

塩、こしょう … 各少々
カレー粉 … 小さじ½
赤ワインビネガー … 大さじ1
サラダ油 … 大さじ2
パセリ（みじん切り）… 大さじ1強

【 こんな焼いた肉に 】
どんな肉にも合う万能ソース。豚肉、鶏肉はどんな部位でも合う。

Column
肉料理と一緒に食べたい じゃがいも料理

A

B

C

D

A マッシュポテト
Purée de pomme de terre

なめらかな口当たりと甘い香り。
ステーキや煮込みのつけ合わせに。

材料（作りやすい分量）
じゃがいも（メークインなど）… 2個（300g）
牛乳 … 50〜80mℓ
生クリーム（乳脂肪分40%台）… 大さじ2
バター … 10g
塩、こしょう … 各少々

❶ じゃがいもは一口大に切り、鍋に入れて水から中火でゆでる。やわらかくなったらざるに上げて湯をきり、熱いうちに濾しながらつぶす。
❷ ①の鍋に牛乳、生クリーム、バターを入れて中火にかけ、煮立ってきたら火を止め、①のじゃがいもを加えてさっくりと混ぜ、塩、こしょうで味を調える。

B フレンチフライ
Frites

カリッ！ホクッ！のコツは、冷たい油から揚げ、
余熱で火を通し、高温で再び揚げること。

材料（作りやすい分量）
じゃがいも（男爵など）… 2個（300g）
揚げ油、塩 … 各適量

❶ じゃがいもは細長く切り、水にさらし、水けをきる。
❷ フライパンに冷たい揚げ油を入れ、①を入れて強火にかけ、170℃くらいになってから5〜6分揚げて取り出し、2〜3分おいて余熱を通す。
❸ 揚げ油を190℃に上げ、②のじゃがいもを入れて1分ほど揚げて取り出し、塩をふる。

C じゃがいものガレット
Galette de pomme de terre

スライサーで極細切りにすると
くっつきやすく、外カリカリで中ふっくら！

材料（2人分）
じゃがいも（男爵など）… 2個（300g）
塩 … 小さじ¼
こしょう … 少々
サラダ油 … 大さじ2

❶ じゃがいもはスライサーで細切りにし、ボウルに入れて塩、こしょうを混ぜる。
❷ フライパンにサラダ油を入れて中火にかけ、油が熱くなったら①を直径20cmくらいに丸く広げ、弱めの中火で4〜5分焼く。フライ返しで返し、ギュッと押さえて形作り、さらに4〜5分焼く。

D ゆでポテト
Pommes de terre à l'eau persillées

かためにゆでたじゃがいもに
パセリと塩を混ぜるだけの簡単つけ合わせ。

材料（作りやすい分量）
じゃがいも（メークイン）… 2個（300g）
パセリ（みじん切り）… 大さじ1
塩 … 少々

❶ じゃがいもは1.5cm角に切り、水から中火でかためにゆで、湯をしっかりきる。
❷ ボウルに①を入れ、パセリ、塩を混ぜる。

2

Sauter et Mijoter
煮る

コトコト煮る、軽く煮る。
フランスには、2つの「煮る」料理があります。
肉の部位や特徴によって、
上手に使い分けたい。

「肉の煮込み」と聞くと、コトコトと長時間煮るというイメージがあると思います。間違ってはいませんが、すべての肉を「コトコト煮る」わけではありません。短時間で「軽く煮る」ほうがおいしい肉もある。つまり、肉の種類、部位に合わせて煮方を使い分けることが、おいしい煮物を作る近道なのです。

　長時間「コトコト煮る」肉は、牛すね肉や牛タン、豚肩ロース肉などのかたまり肉。ゆっくり時間をかけて煮ると、肉の繊維がほぐれてやわらかくなり、同時に肉からうまみが引き出されて煮汁も濃厚に煮詰まっておいしくなります。一方、鶏むね肉やもも肉などは、煮すぎるとかたくなります。そのため、短時間でさらりと煮て、ちょうど火が通ったところをいただくのがベスト。後者の「軽い煮込み」にフランスで出合ったとき、私は衝撃を受けました。こんな煮込みがあったのか！と。「軽い煮込み」は、肉を焼きつけたら取り出し、肉のうまみの残ったフライパンにワインを入れ、煮詰めて深みを出し、肉を戻し入れて仕上げます。「コトコト煮る」料理が週末のごちそう料理とすれば、短時間で作る「軽い煮込み」は毎日の料理。両方知っていたら、肉の煮込みを存分に楽しめるというわけです。

　ソテーと聞くと、日本では「焼きもの」「炒めもの」をイメージしますが、フランスでは「軽い煮込み料理」のことを指します。「コトコト煮る煮込み」はミジョテといいます。

Sauter et Mijoter おいしく「煮る」4つのコツ

下味を
しっかりつける

煮汁に味をつけるとはいえ、肉自体をおいしく食べるためには、下味をしっかりつけておくことが大事。加熱前でないと肉自体に味が入らないので、生肉の状態で塩をふり、よくなじませる。ささ身などのやわらかい肉には、やさしくなじませる。

煮る前に
肉の表面を焼きかためる

煮る前には、肉の表面を焼きつけて肉のうまみを閉じ込め、香ばしい香りをつけてから煮る。煮汁だけでなく、肉自体もおいしく食べるテクニック。煮込み自体を白っぽく仕上げたいとき、やさしい味に仕上げたいときは、焼き色をつけない。

アクは
取りすぎない

煮始めにワーッと出てきたアクを取り除いたら、その後はそれほどこまめに取り除く必要はない。アクの中にはうまみも含まれているため、取り除きすぎるとせっかくのおいしさも捨てることになる。アク取りは神経質にならなくて大丈夫。

部位に合わせた
煮方をする

フランスには、大きく分けて2つの煮込み料理がある。牛すねや豚肩ロースのブロック肉などは弱火で長時間煮る。火が通りやすくパサつきがちな鶏肉などは短時間でさっと煮る。部位の特徴を知り、それに合わせて煮ると、よりおいしくなる。

ブフ・ブルギニョン
Bœuf bourguignon

牛肉を赤ワインで煮た、ブルゴーニュ地方の郷土料理。
炒めた野菜の甘み、赤ワインを煮詰めたうまみ、牛肉のおいしさ。
3つが一体となり、極上の味を作ります。

材料（3〜4人分）
牛すね肉 … 8〜10切れ（800g）
小玉ねぎ … 8〜10個
にんじん … 1本
ベーコン（ブロック）… 100g
A（味出し用）
　　にんじん … 1本
　　玉ねぎ … 1個（200g）
　　セロリ … 70g
　　にんにく … 大1かけ

塩、こしょう … 各適量
バター … 10g
小麦粉 … 適量
サラダ油 … 大さじ1＋小さじ1
赤ワイン（甘酸っぱくないもの）… 1本（750mℓ）
タイム … 2枝
ローリエ … 1枚
フェットチーネなどのパスタ（好みで）… 適量

❶ 具材の準備
牛肉は塩小さじ1、こしょう少々をよくなじませる。小玉ねぎは皮をむき、にんじんは1cm角の棒状、ベーコンは8mm角の棒状に切る。Aのにんじんは縦4等分にして薄いいちょう切り、玉ねぎは縦横半分に切って薄切りにする。セロリは薄切り（太いものは縦半分にして薄切り）、にんにくは薄切りにする。

❷ 鍋で味出し用の野菜を炒める
煮込み用の鍋にバターを入れて中火にかけ、バターが溶けて泡立ってきたらAの野菜を入れ、薄茶色になるまで炒める。

❸ フライパンで肉を焼き、鍋に加える
牛肉に薄く小麦粉をまぶす。フライパンにサラダ油大さじ1を入れて強めの中火にかけ、油が熱くなったら牛肉を入れてこんがりと焼き、②の鍋に加える。

❹ ワインで肉のうまみをこそげ、鍋に加える
③のフライパンの余分な油脂をペーパータオルで拭く。赤ワインの半量を入れて中火にかけ、木ベラでフライパンの底をこそげ、②の鍋に加える。鍋に残りの赤ワインを加え、煮立ったらアクを取り、タイム、ローリエを入れ、ふたをして肉に箸がスーッと入るまで弱火で1時間30分ほど煮る。

❺ 野菜を加え、煮る
フライパンにサラダ油小さじ1を入れて中火にかけ、油が熱くなったら①の残りの野菜とベーコンを入れてさっと炒め、④の鍋に加える。鍋にふたをし、小玉ねぎがやわらかくなるまで15分ほど煮る。ふたを取り、煮汁がとろりとするまで煮詰め、塩、こしょうで味を調える。好みでフェットチーネを袋の表示通りにゆでて添える。

point

a_牛肉は表面がこんがりするまで焼きつけ、うまみを閉じ込め、ソースに香ばしさを移す。
b_にんじん、玉ねぎ、セロリ、にんにくを炒め、うまみを引き出し、煮汁の味出しにする。
c_フライパンの底についた肉のうまみをこそげてワインと混ぜ、煮詰めて味に深みとコクを出す。

豚肉のフランドル風
Carbonnade de porc

ベルギーとの国境近く、フランドル地方の郷土料理の
ビール煮です。ビールの炭酸で肉がやわらかくなり、
苦みでさっぱりとしつつコクが出ます。

材料（3〜4人分）

豚肩ロース肉（ブロック）… 800g
玉ねぎ … 大2個（500g）
にんにく … 2かけ
塩、こしょう … 各適量
サラダ油 … 大さじ1½
黒ビール … 1缶（350mℓ）
タイム … 2枝
ローリエ … 1枚

❶ 具材の準備

豚肉は10等分に切り、塩小さじ1、こしょう少々
をよくなじませる。玉ねぎ、にんにくは薄切りに
する。

❷ 鍋で玉ねぎを炒める

鍋にサラダ油大さじ1を入れて中火で熱し、油が
熱くなったら玉ねぎ、にんにくを入れ、茶色く色
づくまで10〜15分炒める。

❸ フライパンで肉を焼き、鍋に加える

フライパンにサラダ油大さじ½を入れて強めの中
火にかけ、油が熱くなったら豚肉を並べ、こんが
りとした焼き色をつけ、②の鍋に加える。

❹ ビールで肉のうまみをこそげ、鍋に加える

③のフライパンの余分な油脂をペーパータオル
で拭く。ビールの半量を入れて中火にかけ、フラ
イパンの底を木ベラでこそげてビールに混ぜ、②
の鍋に加える。

❺ 煮る

残りのビール、水½カップを加え、煮立ったらア
クを取り、タイム、ローリエを入れ、ふたをして
肉に箸がスーッと入るくらいまで弱火で1時間ほ
ど煮る。ふたを取って煮汁がとろりとするまで煮
詰め、塩、こしょう各少々で味を調える。

point

a_玉ねぎは茶色くなるまで炒め、
甘みとうまみを引き出す。
b_ビールでフライパンに残った
肉のうまみをこそぐ。コクが欲
しいので、ビールは黒ビールを
使用。

Le bœuf

タンシチュー
Langue de bœuf sauce au vin

とろりとやわらかい牛タンのごちそうメニュー。
ポイントは、焼きつけてうまみを閉じ込める、
タンを取り出して煮汁を煮詰めて
ソースにする、の2つ。

材料(作りやすい分量)
牛タン(皮をむいたもの)… 1本(700〜800g)
にんじん… 1本
玉ねぎ… 大1個
セロリ… 1本
にんにく… 大1かけ
塩、こしょう… 各適量
サラダ油… 小さじ2
トマトペースト… 大さじ1
赤ワイン… 2½ カップ
タイム… 2枝
ローリエ… 1枚
デミグラスソース… 1缶(290g)
バター… 20g

❶ 牛タンを焼き、鍋に移す
牛タンは表面の水分をペーパータオルで拭き、塩
小さじ⅔、こしょう少々をよくなじませる。フラ
イパンにサラダ油小さじ1を入れて強めの中火に
かけ、油が熱くなったら牛タンを入れて表面を焼
きつけ、鍋に移す。

❷ 野菜を炒め、鍋に移す
にんじん、玉ねぎ、セロリ、にんにくは薄切りに
する。①のフライパンにサラダ油小さじ1を足し、
野菜を少し色づくまで中火で炒める。トマトペー
ストを加えてさっと混ぜて、①の鍋に加える。

❸ 赤ワインなどで煮て、牛タンを取り出す
②のフライパンに赤ワインの半量を加えて中火
にかけ、フライパンの底についたうまみをこそぎ、
①の鍋に加える。鍋に残りの赤ワインを入れ、タ
イム、ローリエ、デミグラスソースの半量を加え、
水をかぶるくらいまで注ぎ、中火にかける。煮立っ
たらアクを取り、ふたをしてごく弱火にし、牛タ
ンに箸がスーッと入るくらいまで2〜3時間ほど
煮て、牛タンを取り出す。

❹ 煮汁を煮詰めてソースを作る
煮汁に残りのデミグラスソースを加え、煮汁が半
量になるくらいまで中火で煮詰める。煮汁をミキ
サーにかけてなめらかにし(またはざるで濾し)、
鍋に戻し入れて好みの濃度になるまで煮詰め、塩、
こしょう各少々で味を調え、バターを加えて混ぜ
ながら煮溶かす。

❺ 仕上げ
牛タンを2cm厚さに切って④に戻し入れ、温め
る。器に盛り、ソースをかける。

point

a_牛タンは表面を焼きつけ、う
まみを閉じ込めると共に香ばし
さをつける。
b_デミグラスソースはとろみが
つきやすく焦げやすいので、半
量を入れて牛タンを煮て、牛タ
ンを取り出してから残りを加え
て煮汁を煮詰める。

コック・オ・ヴァン

Coq au vin

鶏もも肉の赤ワイン煮です。
骨つき肉を使うと、骨から出たうまみが
煮汁に移り、深い味わいの煮込みが
でき上がります。

材料（3〜4人分）

鶏骨つきもも肉 … 2本（700〜800g）
ベーコン（ブロック）… 60g
マッシュルーム … 5〜6個（100g）
玉ねぎ … 1個（200g）
にんにく … 小1かけ
塩、こしょう … 各適量
小麦粉 … 適量
サラダ油 … 大さじ1
バター … 30g
赤ワイン … 2カップ
はちみつ … 大さじ1
タイム … 少々
ローリエ … 1枚
赤ワインビネガー … 大さじ½

❶ 具材の準備

マッシュルームは石づきを落とし、ペーパータオルで汚れを拭いて半分に切る。玉ねぎは薄切り、にんにくはみじん切りにする。ベーコンは8mm角の棒状に切る。鶏肉は関節に包丁を入れて半分に切り、塩小さじ1、こしょう少々をよくなじませ、小麦粉を薄くまぶす。

❷ フライパンで肉を焼き、取り出す

フライパンにサラダ油を入れて中火にかけ、油が熱くなったら鶏肉を並べる。しばらく触らずに焼きつけ、全面にしっかり焼き色をつけ（中まで火が通らなくてよい）、取り出す。

❸ 残りの具材を炒め、赤ワインを煮詰める

②のフライパンの余分な油脂をペーパータオルで拭き、バターを入れて弱めの中火にかける。バターが溶けて泡立ってきたら、玉ねぎ、にんにく、ベーコン、マッシュルームを入れて3分ほど炒め、玉ねぎが少し茶色く色づいたら鍋に移す。フライパンに赤ワイン、はちみつを入れ、フライパンの底を木ベラでこそげ、ワインが⅔量になるまで強火で煮詰めて鍋に移す。

❹ 肉を戻し入れ、煮る

②の鶏肉を③の鍋に入れ、タイム、ローリエを入れ、ふたをして弱火で15分ほど煮る。赤ワインビネガーを加えて強めの中火にし、煮汁が半量くらいになるまで煮詰め、塩、こしょう各少々で味を調える。

point

a_鶏肉は、骨の間の関節部分に包丁を入れ、半分に切る。
b_鶏肉は表面をこんがりと焼きつけ、うまみを閉じ込める。
c_赤ワインを⅔量になるまで煮詰めて鍋に移し、鶏肉を加えて、さらに煮る。

スペアリブとレンズ豆の煮込み

Petit salé aux lentilles

フランスの家庭でよく目にする、スペアリブとレンズ豆の煮込みです。
レンズ豆はもどすのも煮るのも時間がかからなくて便利。
豚肉のうまみが染み込んだ、プチプチホクホクの食感が楽しい。

材料（3〜4人分）

スペアリブ … 6本（600g）
レンズ豆（皮つき）… 150g
ベーコン … 30g
玉ねぎ … ½個（100g）
にんにく … 1かけ
塩、こしょう … 各適量
オリーブ油 … 大さじ1
タイム … 2枝
ローリエ … 1枚

① 肉に下味をつけ、半日おく

スペアリブは塩小さじ⅔、こしょう少々をよくなじませる。にんにくは薄切りにする。ポリ袋にスペアリブとにんにくを入れ、軽くもんでなじませ、冷蔵庫に半日ほどおく。

② 豆を水でもどし、材料を切る

レンズ豆は水に10分ほどつけ、もどす。玉ねぎはみじん切り、ベーコンは8mm角の棒状に切る。

③ 肉を焼き、取り出す

鍋にオリーブ油を入れて中火で熱し、油が熱くなったら①のスペアリブを入れ、表面をこんがり焼いて取り出す。

④ 野菜を炒め、豆、肉をのせて煮る

③の鍋に②の玉ねぎ、ベーコン、①のポリ袋のにんにくを入れて中火でさっと炒める。レンズ豆を水けをきって加え、豆の上に③のスペアリブをのせ、ひたひたより少し多めの水（2カップほど）、タイム、ローリエを入れて中火にかけ、煮立ったらアクを取り、ふたをして30分ほど煮る。ふたを取って煮汁を軽く煮詰め、塩、こしょう各少々で味を調える。

point

a_スペアリブはポリ袋で半日つけると、塩で余分な水分が抜けて味が凝縮し、にんにくの風味がつく。
b_レンズ豆の上に焼きつけたスペアリブをのせ、水を加えて煮る。水の量は、肉が少しだけ顔を出すくらい。

シュークルート

Choucroute à la
échine de porc

シュークルートは塩漬けキャベツのこと。
それを使ったアルザス地方の料理名でもあります。
ここでは豚肉も塩漬けにし、
味を凝縮させて使います。

材料（作りやすい分量）

豚肩ロース肉（ブロック）… 400g
シュークルート*1（市販）… 1瓶（正味650g）
じゃがいも … 小4個
にんじん… 1本
玉ねぎ… 1/3個
塩… 適量
サラダ油 … 小さじ1
白ワイン… 1/2カップ
ジュニパーベリー*2… 小さじ2
こしょう… 少々
マスタード… 適量

*1 シュークルート … キャベツの酢漬け。
　「ザワークラウト」の名でも売られている
*2 ジュニパーベリー … シャープな香りが特徴のスパイス。
　シュークルートの風味づけに使われることが多い

❶ 塩豚を作る

豚肉は塩小さじ1をよくなじませ、1日以上冷蔵庫で保存する（この状態で冷蔵庫で3日ほど保存可）。

❷ 野菜の準備

シュークルートはざっと水洗いをして水けをしっかり絞る。じゃがいもは皮をむく。にんじんは大きめに切る。玉ねぎは薄切りにする。

❸ 肉、野菜を蒸し煮にする

鍋に豚肉、にんじんを入れ、具材の高さ半分程度まで水を加え、中火にかける。煮立ったらアクを取り、ふたをして弱火で30分ほど蒸し煮にする。途中、水が少なくなったら足し、常に具材の高さ半分くらいがつかっている状態を保つ。じゃがいもを加え、ふたをしてさらに10分ほど蒸し煮にする。やわらかくなったら豚肉、にんじん、じゃがいもを取り出し、表面が乾かないようアルミホイルをかけて保温する。

❹ フライパンでシュークルートを煮る

フライパンにサラダ油を熱し、玉ねぎを入れて色づかないようにしんなりするまで弱火で炒め、シュークルートを加えてさっと混ぜる。白ワインを加え、しっかり煮立ててアルコール分を飛ばす。

❺ 鍋に移し、シュークルートを煮る

❹を❸の鍋に入れ、水1/2カップ、ジュニパーベリーを加え、ふたをして中火で10〜15分煮て、塩少々、こしょうで味を調え、肉のうまみを移す。器に盛り、豚肉を食べやすく切って盛り、にんじん、じゃがいもを添える。好みでマスタードを添える。

point

a_豚肉に塩をよくなじませて1日以上おき、塩豚を作る。余分な水分を抜き、味を凝縮させる。
b_具材の高さ半分くらいの少ない水分で豚肉、野菜を蒸し煮にし、時間短縮する。
c_玉ねぎを炒めて甘みを出し、シュークルートを加え、白ワインで煮て風味をつける。

豚肩ロース肉と白いんげん豆の煮込み

Rôti de porc braisé aux haricots blancs

蒸し煮でふっくらやわらかく煮えた豚肉と、
肉を包み込むようにやわらかく煮上がった豆。
じんわりと体に染み込むような、やさしいおいしさです。

材料（3〜4人分）

豚肩ロース肉（ブロック）… 400g
白いんげん豆（手亡）… 200g
玉ねぎ … ½個（100g）
塩、こしょう … 各適量
オリーブ油 … 大さじ1½
タイム … 2枝
ローリエ … 1枚

❶ 白いんげん豆、豚肉の準備

白いんげん豆はさっと洗い、たっぷりの水に一晩つけてもどす。豚肉はタコ糸をぐるぐると巻きながら往復し、タコ糸の先2本を結び、塩小さじ½、こしょう少々をよくなじませ、冷蔵庫で一晩おく。

❷ 野菜の準備

玉ねぎは薄切りにする。

❸ 鍋で肉を焼き、取り出す

①の豚肉の表面の水分をペーパータオルで拭く。鍋にオリーブ油大さじ½を入れて強めの中火にかけ、油が熱くなったら豚肉の表面をこんがりと焼き、取り出す。

❹ 豆、肉を煮る

③の鍋にオリーブ油大さじ1を足し、玉ねぎを入れて中火でさっと炒め、①の豆の水けをきって加え、水をひたひた（400〜500ml）に加え、タイム、ローリエを入れる。③の豚肉をのせ、煮立ったらアクを取り、ふたをしてごく弱火で30〜40分煮る。肉に竹串を刺し、出てきた汁が透明なら肉を取り出し、アルミホイルで包んで保温する。

＊この段階で白いんげん豆もやわらかくなっていたら、作り方⑤でそれ以上煮なくてよい。

❺ 豆をさらに煮る

豆の高さ半分くらいの水分を保ちながら、ふたをして豆がやわらかくなるまでごく弱火で煮る（煮汁が多かったらふたを取って強火で煮詰める）。塩、こしょう各少々で味を調える。豚肉のタコ糸を取って食べやすい大きさに切って鍋に戻し入れ、中火で温め、いんげん豆と共に器に盛る。

point

a_いんげん豆の上に豚肉をのせ、肉の下半分を煮汁で煮て、上半分は蒸気で蒸す。
b_豚肉のほうがやわらかくなるのが早いので、いったん取り出し、いんげん豆をやわらかくなるまで煮る。

→ 鶏もも肉と白い野菜のフリカッセ
(P.76)

→ 鶏もも肉とパプリカのトマト煮
（P.77）

鶏もも肉と白い野菜のフリカッセ

Fricassée de poulet, poireaux et choux fleur

フリカッセはクリームを使った白い煮込みのこと。
白い野菜を合わせ、見た目にもやさしく仕立てました。
生クリームを加えてから軽く煮込むとコクが出ます。

材料(3~4人分)
鶏もも肉 … 大1枚(300g)
長ねぎ … 1本(100g)
カリフラワー … 100g
塩、こしょう … 各適量
サラダ油 … 小さじ1
バター … 8g
白ワイン … ½カップ
ローリエ … 1枚
生クリーム(乳脂肪分40%台) … ½カップ

❶ 具材の準備
長ねぎは2cm幅に切り、カリフラワーは小房に分ける。鶏肉は余分な脂を取り除いて2等分に切り、塩小さじ⅓、こしょうをよくなじませる。

❷ 肉を焼き、取り出す
フライパンにサラダ油を入れて中火にかけ、油が熱くなったら鶏肉を皮目を下にして並べ、焦がさないように表面が白っぽくなるまで焼き、返して裏面はさっと焼き、取り出す。

❸ 白ワインを煮詰める
②のフライパンの余分な油脂をペーパータオルで拭き、バターを入れて中火にかける。溶けて泡立ってきたら長ねぎを入れてさっと炒め、白ワインを加えて半量になるまで煮詰める。

❹ 肉を戻し入れ、蒸し煮にする
③に水⅓カップ、②の鶏肉、カリフラワー、ローリエを加えてさっと混ぜ、ふたをして弱めの中火で5分ほど蒸し煮にする。

❺ 生クリームで煮て、調味する
煮汁が多いようであれば、ふたを取って中火で軽く煮詰める。生クリームを加え、鶏肉に火が通って煮汁にとろみがつくまで強火で1~2分煮て、塩、こしょう各少々で味を調える。

point

a_白っぽく仕上げたい料理なので、鶏肉を焼きつけてうまみを閉じ込めるときもあまり色づけないよう注意する。
b_長ねぎを炒めたところに白ワインを加え、煮詰めて深みとコクを出す。

鶏もも肉とパプリカのトマト煮

Sauté de cuisse de poulet à la tomate et aux poivrons

トマト煮にするときは、鶏肉の皮目を香ばしく焼き、
濃厚なコクを煮汁に移すのがポイント。
鶏肉は煮すぎず、"煮えばな"を楽しみます。

材料（3〜4人分）

鶏もも肉 … 大1枚（300g）
赤パプリカ … 1個
玉ねぎ … ½個（100g）
にんにく … 小1かけ
塩、こしょう … 各適量
サラダ油 … 小さじ1
オリーブ油 … 大さじ1
白ワイン … ⅓カップ
トマト缶（ダイスカット）… ½缶（200g）
パプリカパウダー … 小さじ1

❶ 具材の準備

パプリカは種とヘタを取り除き、7mm幅に切る。
玉ねぎ、にんにくはみじん切りにする。鶏肉は余
分な脂を取り除いて2等分に切り、塩小さじ⅓、
こしょうをよくなじませる。

❷ 肉を焼き、取り出す

フライパンにサラダ油を入れて中火にかけ、油が
熱くなったら鶏肉を皮目を下にして並べ、こんが
り焼き色がつくまで焼き、返して裏面はさっと焼
き、取り出す。

❸ 白ワインを煮詰める

②のフライパンの余分な油脂をペーパータオル
で拭き、オリーブ油を熱し、玉ねぎ、にんにくを
入れて中火で炒める。しんなりしたら白ワインを
加え、半量になるまで煮詰める。

❹ トマト缶と肉を入れ、煮る

③にトマト缶、②の鶏肉、パプリカを加えてさっ
と混ぜ、ふたをして弱めの中火で5分ほど蒸し煮
にする。ふたを取り、鶏肉に火が通ってとろみが
つくまで強火で1〜2分煮て、塩、こしょうで味を
調え、パプリカパウダーを混ぜる。

point

鶏肉は皮目にこんがりと色がつ
くまで焼きつける。香ばしく焼
き、コクを出す。

手羽元のタジン風

Tajine de pilons de poulet au citron

少ない水と野菜から出る水分で蒸し煮にするから
味が凝縮されておいしくなります。
プルーンの甘み、オリーブとレモンの酸味で
本場風の味わいに。

材料(2人分)

手羽元 … 6本
黄パプリカ … ½個
玉ねぎ … ½個(100g)
にんにく … 1かけ
ドライプルーン … 6個
オリーブ(緑) … 6〜8個
レモン(輪切り) … 2〜4枚
塩、こしょう … 各適量
オリーブ油 … 大さじ1½

A

　コリアンダーパウダー … 小さじ1
　クミンパウダー … 小さじ½
　シナモン、カイエンヌペッパー … 各ひとふり
　水 … ⅓カップ

【クスクス】

クスクス … ½カップ
熱湯 … ½カップ
オリーブ油 … 大さじ1

❶ 具材の準備

手羽元は骨の両脇に切り込みを入れ、軽く開く。塩小さじ½、こしょう少々をよくなじませる。パプリカは種とヘタを取り、乱切りにする。玉ねぎは薄切り、にんにくはみじん切りにする。

❷ 肉を焼き、取り出す

フライパンにオリーブ油大さじ½を入れて中火にかけ、油が熱くなったら手羽元を並べ、薄く焼き色がつくまで焼き、取り出す。

❸ 肉を戻し入れ、蒸し煮にする

②のフライパンにオリーブ油大さじ1を足し、玉ねぎ、にんにくを入れ、しんなりするまで中火で炒める。手羽元、プルーン、オリーブ、レモン、パプリカ、Aを加え、中火にかける。煮立ったらアクを取り、ふたをして弱めの中火で15分ほど蒸し煮にする。ふたを取り、強火で煮汁を煮詰め、塩、こしょうで味を調える。

❹ クスクスを作る

耐熱ボウルにクスクスを入れて熱湯をかけ、5分ほどおいてやわらかくする。取り出して軽くほぐし、ラップをかけて電子レンジで30秒加熱し、オリーブ油を混ぜる。

❺ 仕上げ

器に③を盛り、④を添える。

point

a_骨の両脇に切り込みを入れて肉をなるべく平らに開くと、火が通りやすく食べやすい。
b_ほんの少しの水と野菜から出る水分で蒸し煮にし、味を凝縮させる。

豚薄切り肉と
じゃがいものミルク煮

Sauté de porc et pommes de terre au lait

豚肉のうまみを吸ったじゃがいもがおいしい！
仕上げにバターの風味をきかせます。

材料（2人分）
豚肩ロース薄切り肉 … 200g
玉ねぎ … ½個
じゃがいも … 2個（300g）
にんにく … 1かけ
塩、こしょう … 各適量
サラダ油 … 小さじ2
牛乳 … 1カップ
バター … 7g
粗びき黒こしょう … 適量

❶ 具材の準備
玉ねぎとにんにくは薄切り、じゃがいもは7mm
厚さの半月切りにする。豚肉は食べやすく切り、
塩小さじ¼、こしょうをよくなじませる。

❷ 肉を焼き、取り出す
フライパンにサラダ油小さじ1を入れて強めの中
火で熱し、油が熱くなったら豚肉を広げて入れ、
色づけないようにさっと焼き、取り出す。

❸ 香味野菜を炒める
②のフライパンの余分な油脂をペーパータオル
で拭き、サラダ油小さじ1を足し、玉ねぎ、にん
にくを入れて焦がさないように中火で2分ほど炒
める。

❹ 蒸し煮にする
じゃがいも、牛乳を加えてふたをし、ときどき混
ぜながら弱めの中火で8分ほど蒸し煮にする。煮
汁が多いようならふたを取って少し煮詰め、②の
豚肉を加え、全体を混ぜる。豚肉に火が通ったら、
塩、こしょう各少々で味を調え、バターを加えて
混ぜる。器に盛り、粗びき黒こしょうをふる。

豚薄切り肉の
シャルキュトリー風

Sauté de porc à la charcutière

シャルキュトリー＝惣菜店で売っている素材、
コルニッションやマスタードが
入っている煮込み料理です。

材料(2人分)

豚肩ロース薄切り肉 … 200g

玉ねぎ … ½個

コルニッション*1 … 4本

塩、こしょう … 各適量

サラダ油 … 大さじ½ ＋ 小さじ1

白ワイン … ⅓カップ

トマト缶(ダイスカット) … ½缶(200g)

ディジョンマスタード*2 … 大さじ1

バター … 7g

*1コルニッション … フランスの小ぶりなきゅうりのピクルス
*2ディジョンマスタード … フランスのディジョン地方発祥の
　まろやかで風味のよいマスタード

❶ 具材の準備

玉ねぎ、コルニッションはみじん切りにする。豚
肉は塩小さじ¼、こしょう少々をよくなじませる。

❷ 肉を焼き、取り出す

フライパンにサラダ油大さじ½を入れて強めの中
火にかけ、油が熱くなったら豚肉を広げ、こんが
り焼きつけて取り出す。

❸ 白ワインを煮詰める

②のフライパンの余分な油脂をペーパータオル
で拭き、サラダ油小さじ1を足し、玉ねぎを入れ
て焦がさないように弱めの中火で2分ほど炒める。
白ワインを加えて火を強め、フライパンの底を木
ベラでこそげ、ワインが半量になるまで煮詰める。

❹ トマト缶を入れて煮る

トマト缶を加え、煮立ってきたら火を弱め、とき
どき混ぜながら弱めの中火で8分ほど煮る。②の
豚肉を加えてひと煮立ちさせ、肉に火が通ったら
マスタード、コルニッションを加え、塩、こしょ
う各少々で味を調え、バターを加えて混ぜる。

ひき肉だんごと
ミニトマトのオイル煮

Boulettes de porc au piment et à l'ail,
et tomates cerises

アヒージョ風のオイル煮です。
にんにくとバジルをきかせ、おつまみ仕様に。

材料（2〜3人分）
【肉だんご】
合いびき肉 … 200g
A
> パン粉、牛乳 … 各大さじ2
> 塩 … 小さじ⅓
> こしょう … 少々

ミニトマト … 10〜12個
にんにく … 大1かけ
赤唐辛子 … 1本
オリーブ油 … 大さじ3
バジル … 10枚

❶ 肉だんごを作る
ボウルに **A**のパン粉、牛乳を入れ、パン粉がやわ
らかくなったら合いびき肉、塩、こしょうを入れ
てよく練り混ぜ、8〜9等分にして丸める。

❷ 野菜の準備
ミニトマトはへたを取る。にんにくは横2mm 厚
さに切る。赤唐辛子は種を取って小口切りにする。

❸ 肉だんごを焼く
フライパンにオリーブ油、にんにく、赤唐辛子を
入れて中火にかけ、香りが出てきたら①を入れ、
焼き色がつき、中に火が通るまで5分ほど焼く。

❹ 煮る
③にミニトマトを加えて1分ほど煮て、火を止め
て粗くちぎったバジルを加え、混ぜる。

シェーラソーシッスの
オニオンビネガー煮

*Sauté de chair à saucisse aux oignons
et aux noix*

「シェーラソーシッス」＝ソーセージの中身の
肉の意味。粘りが出るまで練る、
この1点にこだわればおいしく作れます。

材料（2～3人分）

A

　豚ひき肉…200g
　塩…小さじ⅓
　こしょう…少々

玉ねぎ…½個
くるみ…20g
サラダ油…小さじ1
白ワイン…⅓カップ

B

　赤ワインビネガー…大さじ1
　水…⅓カップ

塩、こしょう…各少々
粗びき黒こしょう（好みで）…適量

① 野菜の準備

玉ねぎは横1cm幅に切る。

② 肉だねを作り、焼く

ポリ袋にAを入れ、十分に粘りが出るまで袋をも
んでしっかり練り混ぜる。フライパンにサラダ油
を入れて中火にかけ、油が熱くなったら肉だねを
10等分にちぎって（丁寧に丸めなくてよい）並べ、
2分ほどかけてこんがりと焼く。

③ 煮る

ひき肉を端に寄せ、玉ねぎを加えてさっと炒め、
白ワインを加えてワインが半量になるまで中火で
煮詰める。Bを加え、ふたをして弱めの中火で3
分煮る。ふたを取り、水分がほぼなくなるまで煮
詰め、くるみを加えて塩、こしょうで味を調え、
好みで粗びき黒こしょうをふる。

Le poulet

レバーコンフィ

Foies de volaille confits

油で煮る調理法、コンフィ。
大量の油を使わなくてすむよう、保存袋に油と共に入れ、
ゆでる方法で作ります。ふっくらやわらかなレバーが最高！

材料(作りやすい分量)

鶏レバー … 400g

塩 … 小さじ1

にんにく(つぶす) … 小1個

ローリエ … 1枚

黒粒こしょう … 5粒

油(サラダ油、オリーブ油、米油など好みのもの)
　… 1〜1½カップ

❶ レバーの準備

レバーは筋と脂を取って食べやすく切る。水の中で揺すり洗いし、血のかたまりを取り除き、きれいな水に5分ほどつけて血抜きし、ペーパータオルで水けを拭く。塩をふり、冷蔵庫で1時間ほどおく。

❷ ポリ袋にレバー、油を入れる

①のレバーの水分をペーパータオルで押さえる。ジッパーつき保存袋に入れ、にんにく、ローリエ、黒粒こしょう、油を加え、できるだけ空気が入らないようにして口を閉じる。

＊大きめの鍋にたっぷり水を入れ、保存袋をそっと沈め、
袋に水が入らないように空気を抜きつつ口を閉じる方法も。

❸ ポリ袋をゆでる

大きめの鍋(直径26cmくらい)にペーパータオルを敷き、耐熱皿を入れ(保存袋が直接鍋に触れて、破れることがないように)、水をたっぷり入れて皿に②の保存袋をのせ、中火にかける。熱くなってきたら弱火にし、湯の温度を70〜80℃に保ちながら、保存袋が浮いてこないように落としぶたまたは耐熱皿をのせ、鍋ぶたをして1時間ほど加熱する。

❹ 保存する

③の保存袋を取り出し、冷水で冷ます。保存容器にレバー、ローリエを入れ、ポリ袋の液の上澄み(油部分のみ)を加え、レバーが油につかっている状態にする。

point

a_保存袋に材料を入れ、油で煮るのと同じ状態を作る。この方法なら、使う油の量が劇的に減る。
b_真空に近い状態にするため、なるべく空気が入らないようにし、保存袋の口を閉じる。
c_ゆでるときは、保存袋が破れないように鍋の底に耐熱皿を置く。その下には皿がカタカタいわないようペーパータオルを敷く。

レバーのレモンマスタードクリーム煮

Foies de volaille à la crème moutarde et citron

レバーはぼそぼそとした食感にならないよう、
火を通しすぎないことがコツです。
レモンとマスタードの酸味で、クリーム煮がさわやか。

材料（3～4人分）

鶏レバー … 300g
玉ねぎ … ½個
にんにく … 小1かけ
レモン（輪切り）… 2枚
オリーブ油 … 大さじ1
白ワイン … 1カップ
生クリーム（乳脂肪分40％台）… ½カップ
粒マスタード … 大さじ1
塩、こしょう … 各少々

❶ レバーの準備

レバーは筋と脂を取って食べやすく切る。水の中で揺すり洗いし、血のかたまりを取り除き、きれいな水に5分ほどつけて血抜きし、ペーパータオルで水けを拭く。

❷ 野菜の準備

玉ねぎは薄切り、にんにくはみじん切りにする。

❸ 野菜、レバーを炒める

フライパンにオリーブ油、にんにく、玉ねぎを入れ、中火で5分ほど炒める。①のレバーを加え、表面が白くなるまで強火で炒める。

❹ 白ワイン、生クリームで煮る

レモン、白ワインを加え、ワインが半量になるまで強火で煮る。生クリームを加え、ふたをして中火で5分ほど煮て、ふたを取って煮汁が半量になりとろっとするまで煮詰め、粒マスタード、塩、こしょうで味を調える。

point

a_レバーは焼きすぎるとかたくなるので、表面が白くなる程度に炒める。
b_臭み抜きのレモン、風味づけのワインを加え、強火でガーッと煮詰め、深みとコクを出す。

肉料理と一緒に食べたい 温野菜

→ **スナップえんどうとレタスのエチュベ**
(p.90)

→ **アスパラガスのエチュベ**
(p.90)

→ かぶとベーコンのグリル焼き
(p.91)

→ ほうれん草のバター炒め
(p.91)

スナップえんどうとレタスのエチュベ
Salade iceberg et petits pois à l'étuvée

スナップえんどうの青い香りとレタスのシャキシャキ感。
さわやかな味わいでいくらでも食べられます。

材料（2人分）
スナップえんどう … 6個
レタス … 150g
バター … 8g
塩、こしょう … 各少々

❶ 野菜の準備
スナップえんどうは筋を取る。レタスは食べやすくちぎる。

❷ フライパンで蒸し煮にする
フライパンにスナップえんどう、バター、水¼カップを入れ、ふたをして強めの中火にかける。煮立ってきたら中火にして2分ほど蒸し煮にし、レタスを加え、ふたをしてさらに1分蒸し煮にし、塩、こしょうで味を調える。

アスパラガスのエチュベ
Sauté d'asperges

アスパラガスのホクホク感と香ばしさの
両方が味わえる、焦がしエチュベ！

材料（2人分）
アスパラガス（緑、白）… 各1束（200g）
オリーブ油 … 大さじ½
塩、こしょう … 各少々

❶ 野菜の準備
アスパラガスは根元のかたい皮をピーラーでむき、食べやすい長さに切る。

❷ フライパンで蒸し煮にする
フライパンに①、オリーブ油、水¼カップを入れ、ふたをして強めの中火にかける。煮立ってきたら中火にし、3分ほど蒸し煮にする。

❸ 焼き色をつける
ふたを取り、強火にして水分を飛ばし、全体にこんがりと焼き色をつける。塩、こしょうで味を調える。

かぶとベーコンのグリル焼き

Petits navets au bacon

かぶは焼くとみずみずしくなります。
そこにベーコンの塩けとうまみがいい感じ。

材料（2人分）
かぶ … 2個（180〜200g）
ベーコン（ブロック）… 50g
粗びき黒こしょう … 適量

❶ 材料の準備
かぶは茎少々を残して縦4等分に切り、水につけて根元の土を落とす。ベーコンは7〜8mm厚さに切る。

❷ 魚焼きグリルで焼く
魚焼きグリルに①をのせ、ベーコンは7〜8分、かぶは10〜12分、軽く焼き色がつくまで焼く。

❸ 仕上げ
器に盛り、粗びき黒こしょうをふる。

ほうれん草のバター炒め

Sauté d'épinard

バターの甘い香りがふわ〜っと広がります。
さっとゆでるのも、炒めるのも短時間で。

材料（2人分）
ほうれん草 … 1束（200g）
バター … 80g
塩、こしょう … 各少々

❶ ほうれん草の準備
ほうれん草は根元に十字の切り込みを入れ、水に15分ほどつけてシャキッとさせる。熱湯に入れてさっとゆで、水にとる。冷めたら水けをしっかり絞り、2cm長さに切る。

❷ フライパンで炒める
フライパンにバターを入れ中火にかけ、バターが溶けて泡立ってきたら①を入れ、1〜2分炒め、塩こしょうで味を調える。

3

Cuire au four

オーブン焼き

外は香ばしく、中はしっとりが得意な
「オーブン焼き」。
難しいワザはいっさいいりません。
バリエを増やしたら、毎日活躍してくれます。

「オーブンで焼く、肉」といって思い浮かぶのは、ローストチキンやローストポークなどでしょうか。イメージ通り、オーブンはかたまり肉を焼くときにとても便利な調理道具です。オーブンの熱源である対流熱が庫内の温度を高め、食材にじっくりやわらかく熱を加えていくので、大きな肉の中までしっとりジューシーに仕上げつつ、表面はカリッと香ばしく焼き上げてくれる。ごちそうにもってこいの料理です。

　ただ、毎日の肉料理にはオーブンは不向き？　と思っている方がまだまだ多いよう。こんなに便利な調理器具はないのに、それはとてももったいないこと！　というのも、オーブン料理はセットしてしまえば、あとはオーブンまかせ。つきっきりで調理しなくてよいため、オーブンで焼いている間に副菜などのそのほかの料理を作ることができます。何より、オーブン料理のいいところは、初心者にもあまり料理が得意でない人にも、失敗なく作れること。ポイントは、自分の家のオーブンのクセをつかむことのみ。オーブンは機種によって差があり、同じ温度、時間で作っても少し焼き色が薄かったり、濃かったりということがおきますから。

　この章では、肉に下味をからめて焼くだけ、パン粉をふって焼くだけ……など、毎日の食事作りに活躍する肉メニューもご紹介しています。使い慣れると、その便利さがどんどんわかってくるのがオーブン料理です。

＊この本では、ガスオーブンを基本にしています。電気オーブンをお使いの場合は、
設定温度を 20℃〜30℃程度上げて作ってみてください。

Cuire au four 「オーブン焼き」4つのコツ

下味を
しっかりつける

かたまり肉をオーブン焼きする場合、豚肩ロース
肉は砂糖、塩をすり込んでから焼き、水分が抜け
やすい丸鶏や豚ロース肉などは、塩と砂糖を溶か
した水（＝ソミュール液。ローリエやこしょうが
入る場合も）につけると、肉にしっかり味が入り、
おいしくなる。

オイルをからめる

表面にオイルをかけたり、からめて焼いたりする
と、香ばしい焼き色がつく。丸鶏のように、肉か
ら脂が出るものは、途中で天板にたまった脂をか
けるとよい。また、脂が少ないささ身などは、オ
イルをからめて焼くと、表面がパサつかない。

下焼きする

焼けたものは
途中で取り出す

肉と野菜を耐熱容器に入れてオーブン焼きする料
理は、野菜から水分が出るので、事前にフライパ
ンで肉の表面を焼きかため、同じフライパンで野
菜も炒めてからオーブンへ。中まで火を通す必要

オーブンは、肉と野菜を一緒に焼けるのが便利。
ただし、肉よりも先に野菜が焼けることが多いの
で、その場合は焼けたものから取り出す。ちなみ
にオーブン焼きに向く野菜は、じゃがいも、玉ね

ローストチキン

Poulet rôti

フランスでは、丸鶏を日常的に食べます。
丸ごと焼くから、ふっくらジューシー！
骨についている肉はこそげてサラダに、骨はスープに。残さずどうぞ。

材料（3〜4人分）
丸鶏（内臓を除いたもの）… 小1羽（1kg）
じゃがいも（メークイン）… 小4個
にんじん … 小1本
紫玉ねぎ … 1個
にんにく … 1かけ
ローリエ … 1枚

【ソミュール液】
塩、砂糖 … 各大さじ1
水 … 2カップ

サラダ油 … 大さじ1

❶ ソミュール液を作る
ボウルにソミュール液の材料を入れ、泡立て器などで混ぜて塩をしっかり溶かす。

❷ 丸鶏をソミュール液につける
丸鶏は表面をさっと水洗いし、ペーパータオルで水けをしっかり拭く。丸鶏が入る大きさのポリ袋を2重にし（骨が当たって破れる可能性があるので、しっかりしたポリ袋を使用）、丸鶏、①を入れ、鶏全体に液がかぶるようにし、空気を抜いて口を閉じる。バットなどにのせ、冷蔵庫に一日おく。

❸ 野菜の準備
じゃがいもは皮をむかずにきれいに洗う。にんじんは皮つきのまま縦半分に切る。紫玉ねぎは縦4等分に切る。

❹ 丸鶏、野菜を焼く準備
丸鶏をポリ袋から取り出し、ペーパータオルで水けを拭く（液は捨てる）。にんにくの皮をむき、包丁でたたいてつぶし、ローリエと共に丸鶏のお腹に入れる。丸鶏の足を揃えてタコ糸などで縛り、オーブンシートを敷いたオーブンの天板にのせ、③の野菜を周りに置く。全体にサラダ油をかけ、手で広げてなじませる（野菜にも油をからめる）。

❺ オーブンで焼く
180℃に予熱したオーブンに入れ、1時間ほど焼く。途中、30〜40分くらいで焼けた野菜から取り出す。途中2度ほど、天板を取り出して、天板にたまった油脂を全体にかけるとよりきれいな焼き色になる。

＊焼き上がったら20分ほどおいて肉汁を落ち着かせ、切り分ける。
＊鶏が大きい場合、塩と砂糖の入ったソミュール液を適宜増やし、焼き時間も増やす。

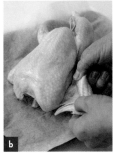

point

a_砂糖には保水力があるため、ソミュール液につけておくと、パサつきやすい部位のむね肉もしっとりやわらかくなる。
b_手羽を折り曲げて引っ掛け、胴体の下に入れて固定する。
c_全体に油を塗っておくと、こんがりと照りよく、皮目をパリッと焼くことができる。

丸鶏のさばき方

❶ もものつけ根に包丁を入れ、
　左右のもも肉を切り離す
❷ 手羽のつけ根に包丁を入れ、
　左右の手羽を切り離す
❸ センターに1本切り込みを入れ、
　首がついていたところから
　V字に切り込みを入れ、骨に沿って
　包丁を入れてむね肉を切り離す

骨

手羽先

手羽元

むね肉　　もも肉

ローストポーク

Rôti de porc

シルクのようなきめ細かいロース肉のおいしさを
ストレートに味わいたいなら、オーブン焼きがおすすめ。
ソミュール液につけてから焼けば、ほどよい塩味もつきます。

材料（3〜4人分）
豚ロース肉（ブロック）… 700g

【ソミュール液】
塩 … 大さじ2
砂糖 … 大さじ1
黒粒こしょう … 7粒
ローリエ … 1枚
水 … 2カップ

マッシュポテト（p.54）… 適量

❶ ソミュール液を作る
鍋にソミュール液の材料を入れて中火にかけ、煮立ったら火を止め、完全に冷ます（塩の量が多いので、加熱して溶かす）。

❷ 豚肉の準備
豚肉は全体をフォークで20回ほど刺し、ソミュール液が染み込みやすいようにする。

❸ ソミュール液に肉をつける
ポリ袋に①、②を入れ、空気を抜いて口を縛り、冷蔵庫に1〜2日おく。

❹ タコ糸で縛る
③の豚肉の水けをペーパータオルで拭き、タコ糸で縛る。端からぐるぐると巻き、折り返して巻きはじめに戻り、タコ糸の先2本を結ぶとよい。

❺ オーブンで焼く
オーブンシートを敷いたオーブンの天板に④をのせ、160℃に予熱したオーブンで50分〜1時間を目安に焼く。温度計で中心温度が68〜70℃になれば焼き上がり。取り出してアルミホイルで包み、暖かい場所に20分ほどおいて肉汁を落ち着かせる。切り分け、マッシュポテトを添える。

point

豚ロース肉はソミュール液（ロース肉は、塩漬けだと水分が抜けすぎるため）につけ、ほどよく水分を抜いて味を凝縮させる。

豚肩ロース肉のプロヴァンスハーブ風味

Rôti de poulet aux herbes de Provence

塩漬けにした豚肉を開いてハーブをのせて巻き、
オーブンでこんがりと焼いた料理です。
一口ごとに肉のうまみとハーブの香りが広がります。

材料（2～3人分）

豚肩ロース肉（ブロック）… 500g
砂糖 … 小さじ1
塩 … 大さじ½
エルブ・ド・プロヴァンス＊ … 小さじ1

＊ エルブ・ド・プロヴァンス… タイムやセージ、
ローズマリーなどが入ったハーブミックス

❶ 豚肉の準備

豚肉は砂糖をすり込んで5分ほどおき、塩をすり
込む。ポリ袋に入れ、冷蔵庫で1日おく（この状
態で冷蔵庫で3日ほど保存可）。

❷ 肉を広げ、スパイスをふって巻く

豚肉の水けをペーパータオルで拭き、大きく切り
込みを入れて広げる。エルブ・ド・プロヴァンス
をふり、手前から巻いて元の形に戻し、タコ糸で
縛る（端からぐるぐると巻き、折り返して巻きは
じめに戻り、タコ糸の先2本を結ぶ）。

❸ オーブンで焼く

天板にオーブンシートを敷き、②の豚肉をのせ、
170℃に予熱したオーブンで40～50分を目安に
焼く。温度計で中心温度が68～70℃になったら
焼き上がり。取り出してアルミホイルで包み、暖
かい場所に20分ほどおいて肉汁を落ち着かせ、
食べやすい厚さに切る。

point

a_豚肉に砂糖、塩をすり込んで1日おいた状態。砂糖は塩の
カドを取って味を丸くし、水分を保つ役目。
b_包丁を斜めに入れていき、厚さが均一になるように開く。
c_エルブ・ド・プロヴァンスを全体にふり、手前からくるくる
と巻き、元の形に戻す。
d_タコ糸で巻いて、安定させる。端からぐるぐると巻き、折
り返して巻きはじめに戻り、タコ糸の先2本を結ぶ。

鶏ささ身の生ハム巻き焼き
ハーブ風味

Roulé d'aiguillette de poulet à la sauge

仔牛肉に生ハムをはさんでフライパンで焼く、サルティンボッカという料理がヒント。
オーブン焼きは、ほったらかしで**OK**なのがうれしい。
ささ身は焼きすぎるとかたくなるので、短時間で仕上げます。

材料(2人分)

鶏ささ身…3本(180g)
生ハム…6枚(40g)
セージ…小6枚
ズッキーニ…½本(100g)
塩、こしょう…各少々
オリーブ油…大さじ1

❶ ささ身の準備

ささ身は筋を取り、斜め半分に切る。軽くこしょうをふって軽くなじませる。ささ身にセージをのせ、生ハムできっちりと巻く。

❷ 野菜の準備

ズッキーニは縦6等分に切り、軽く塩をふる。

❸ オーブンで焼く

オーブンの天板にオーブンシートを敷き、①、②をのせ、オリーブ油を全体にかけてからめる。200℃に予熱したオーブンで10分焼く。

point

a_ささ身にセージを1枚ずつのせ、生ハムでくるりと巻く。
b_焼く前に、オリーブ油をかけて全体にからめ、表面がパサつかないようにする。

シシカバブ

Adana Kebab

本場の味に近づけるため、ラム肉をミンチ状にして作ります。
ラム肉の独特のクセも、スパイスをたっぷり加えれば大丈夫。
粗めに刻んで加えた、玉ねぎとピーマンの食感も楽しい。

材料（2人分）
ラム切り落とし肉 … 200g
玉ねぎ … ¼個
ピーマン … ½個
溶き卵 … ½個分
にんにく（みじん切り）… 1かけ
塩 … 小さじ¼
こしょう … 少々
コリアンダーパウダー … 小さじ½
クミンパウダー … 小さじ½
シナモンパウダー、カイエンヌペッパー … 各少々
オリーブ油 … 小さじ1

❶ 具材の準備
ラム肉は包丁で細かく刻んでミンチ状にする。玉ねぎ、ピーマンは粗みじん切りにする。

❷ 肉だねを作る
ボウルにオリーブ油以外の材料を入れ、混ぜ合わせる。

❸ 棒状に形作り、オーブンで焼く
オーブンの天板にオーブンシートを敷く。②を6等分にして棒状に形作ってのせ、全体にオリーブ油をかける。200℃に予熱したオーブンで10分ほど焼く。

point

a_ミンチ状にしたラム肉には、スパイスをたっぷり加える。臭み消しになると共に、本場の味に近づく。
b_肉だねをよく混ぜ合わせる。粘りが出るほど混ぜる必要はなく、全体が混ざればOK。
c_オーブンシートを敷いた天板に並べたら、オリーブ油をかけて焼くだけ。

トマトファルシ
Tomates farcies

ファルシとは詰めもの料理のことです。
トマトに肉を詰めるのは、フランスではもっともポピュラー。
肉にトマトの果汁が加わり、ジュワッとジューシーです。

材料(2～3人分)
合いびき肉 … 300g
トマト …(150gくらいのもの) 6個
A
　パン粉 … 大さじ3
　溶き卵 … ½個分
　冷やご飯 … 80g
　塩 … 小さじ⅔
　こしょう … 少々
　エルブ・ド・プロヴァンス* … 小さじ⅓

塩、こしょう … 各適量
オリーブ油 … 大さじ1
＊エルブ・ド・プロヴァンス…タイムやセージ、
ローズマリーなどが入ったハーブミックス

❶ トマトの準備
トマトは穴をあけないようにヘタを取り、お尻の
ほうをふたにするように切り取り、トマトの中身
をスプーンでくりぬく。器にするトマトをペー
パータオルの上に伏せておき、中の水分を取る。

❷ 肉だねを作る
①のトマトをくりぬいた中身は、種部分を取り除
いて軽く刻み、ボウルに入れる。Aのパン粉と溶
き卵を加えて混ぜ、パン粉がふやけたら合いびき
肉、残りのAを加え、練りすぎないように混ぜ合
わせ、6等分にして丸める。

❸ トマトに肉だねを詰める
①の器にするトマトの内側に軽く塩、こしょうを
ふり、②の肉だねを詰め、できるだけ隙間がない
ように押し込む(トマトの器から盛り上がってい
てよい)。

❹ オーブンで焼く
耐熱容器に③を並べ、トマトのふたをのせ、オ
リーブ油を全体にかけ、180℃に予熱したオーブ
ンで30分ほど焼く。

point

a：器になるほうのトマトは中身
をくりぬき、しばらく伏せてお
き、中の水分をよくきる。
b：トマトに肉だねを入れ、隙間
がないようにギュッと押し込む。

豚肉のブーランジェール
Échine de porc à la boulangère

炒めた豚肉とじゃがいもをオーブンで焼く、家庭料理です。
ブーランジェール（パン屋さん）の窯で
焼いてもらっていたことからこの名がついたといいます。

材料(2人分)
豚肩ロース肉(ステーキ用)… 2枚(300g)
じゃがいも(メークイン)… 2個(300g)
玉ねぎ … 1個(200g)
にんにく … 1かけ
塩、こしょう … 各適量
小麦粉 … 適量
サラダ油 … 大さじ2
バター … 5g

❶ 野菜の準備
玉ねぎ、にんにくは薄切りにする。じゃがいもは
スライサーなどでごく薄く切る。

❷ フライパンで肉を焼き、取り出す
豚肉は1枚を2〜3等分に切り、塩小さじ⅓、こしょ
う少々をふってよくなじませ、小麦粉を薄くまぶ
す。フライパンにサラダ油大さじ1を入れて中火
で熱し、油が熱くなったら豚肉を入れ、両面をこ
んがり焼き色がつくまで焼き、取り出す。

❸ 野菜を炒め、煮る
②のフライパンの余分な油脂をペーパータオル
で拭き、サラダ油大さじ1を足して中火にかけ、
玉ねぎ、にんにくを入れ、少し茶色に色づくまで
炒める。水1½カップ、じゃがいも、塩小さじ⅓、
こしょう少々を加え、煮立ったら弱火で3分煮る。

❹ オーブンで焼く
耐熱容器に②の豚肉を入れ、③を流し入れ、バ
ターをちぎって散らす。180℃に予熱したオーブ
ンで20分ほど焼く。

point

a_豚肉は小麦粉をまぶして焼き、
うまみを閉じ込めると共に、と
ろみをつける。
b_豚肉を並べた耐熱容器に、煮
た野菜を煮汁ごとのせ、オーブ
ンで焼く。

鶏肉のグランメール

Pilons de poulet "façon grand-mère"

おばあちゃん風の意味を持つ、フランスの代表的な家庭料理。
本来は骨つきもも肉を使いますが、手軽な手羽元、手羽先で代用しました。
ベーコンでうまみをプラスするのが定番の作り方です。

材料(2人分)

手羽元、手羽先 … 各3本
ベーコン(ブロック)… 30g
玉ねぎ … ½個(100g)
マッシュルーム … 5個(100g)
じゃがいも … 大1個
にんにく … 1かけ
塩 … 適量
こしょう … 少々
サラダ油 … 小さじ1+大さじ1
パセリ(みじん切り)… 適量

① 具材の準備

玉ねぎは1.5cm四方の薄切り、マッシュルームは
石づきを落とし、ペーパータオルで汚れを拭いて
縦半分に切る。じゃがいもは1.5cm角に切り、に
んにくは薄切りにする。ベーコンは8mm角の棒
状に切る。手羽元は骨の両脇に、手羽先は骨と骨
の間に切り込みを入れ、塩小さじ½をよくなじま
せる。

② フライパンで肉を焼き、取り出す

フライパンにサラダ油小さじ1を入れて中火で熱
し、油が熱くなったら手羽元、手羽先を入れて軽
く焼き色がつくまで焼き(中まで火が通らなくて
よい)、取り出す。

③ フライパンで野菜、ベーコンを炒める

②のフライパンの余分な油脂をペーパータオル
で拭き、サラダ油大さじ1を足して中火にかけ、
ベーコン、玉ねぎ、マッシュルーム、にんにく、じゃ
がいもを入れてさっと炒める。玉ねぎがしんなり
したら水½カップを加え、塩小さじ⅓、こしょう
を入れて2〜3分煮る。

④ オーブンで焼く

耐熱容器に②、③をまんべんなく入れ、200℃に
予熱したオーブンで10〜15分焼く。仕上げにパ
セリをふる。

point

a_手羽先は骨と骨の間に包丁を
入れて切り、食べやすくする。
手羽元は骨の両脇に包丁で切り
込みを入れる(p.79)。
b_手羽先、手羽元は油で軽く焼
いてうまみを閉じ込めてから、
耐熱容器に入れる。

ポークフィレの香草パネ
Filet mignon de porc en croûte d'herbes

たっぷりハーブを混ぜたパン粉（＝パネ）を豚肉にからめて
焼き上げる料理です。表面はカリカリ、中はしっとりの
食感の違いがたまりません。

材料（2〜3人分）
豚ヒレ肉 … 200g
トマト … ½個
塩 … 小さじ⅓
こしょう … 少々
小麦粉、溶き卵 … 各適量

【ハーブパン粉】
バジルの葉 … 10枚
パセリの葉 … 1枝分
パン粉 … 25g
オリーブ油 … 大さじ1⅓

① 豚肉の準備
豚肉は半分に切り、塩、こしょうをよくなじませ
る。トマトは横半分に切る。

② ハーブパン粉を作る
フードプロセッサーにバジルの葉、パセリの葉を
入れて細かく攪拌し、パン粉を加えてさらに10
秒ほど攪拌する。バットなどに移し、オリーブ油
をからめる。

③ 肉に衣をつける
①の豚肉に小麦粉をまぶして余分な粉を落とし、
溶き卵をからめ、②のハーブパン粉をまぶす。

④ オーブンで焼く
オーブンの天板にオーブンシートを敷いて③をの
せ、トマトはアルミホイルにのせて隣に置く。
200℃に予熱したオーブンで15分を目安に焼く。
豚肉は温度計で中心温度が68℃程度になったら
焼き上がり。トマトは焼き色がついたら、途中で
取り出す。

⑤ 仕上げ
器に豚肉、トマトを盛り、オリーブ油適量（分量
外）をかける。

point

a_バジル、パセリにパン粉を混
ぜたハーブパン粉にオリーブ油
を混ぜ、香ばしい焼き色がつき
やすいようにする。
b_肉にハーブパン粉をたっぷり
まぶし、オーブンシートにのせ
る。隣にアルミホイルにのせた
トマトを置いてオーブンへ。

Le porc

スペアリブのスパイス焼き

Travers de porc grillé aux herbes et au miel, à l'orange

スペアリブは下味をよくからめて焼き、
クミンとはちみつを塗って二度焼きしてスパイシーに仕上げます。
一緒に焼いたオレンジの香ばしさも、食欲増進に効果的。

材料（2～3人分）

スペアリブ（長いもの）… 6本（900g）

オレンジ … 2個

A

　塩 … 小さじ1強

　こしょう … 少々

　クミンパウダー、

　　コリアンダーパウダー … 各少々

　オリーブ油 … 大さじ1

B

　はちみつ … 大さじ1

　クミンシード … 小さじ1

カルダモンパウダー（あれば）… 適量

❶ 具材の準備

スペアリブは **A** をよくからめ、1時間以上おく。
オレンジは皮をむき、横半分に切る。

❷ オーブンで焼く

オーブンの天板にオーブンシートを敷いて①を
並べ、180℃に予熱したオーブンで20～25分焼く。
オレンジは焼き色がついたものから取り出す。オ
レンジには、あればカルダモンパウダーをふる。

❸ 表面にはちみつなどを塗り、再び焼く

B を混ぜ合わせ、②を取り出して肉の表面に塗り、
180℃のオーブンでさらに5分ほど焼く。

point

a_ 天板にスペアリブを並べ、オ
レンジは切り口を上にむけての
せ、焼く。

b_ オレンジは香ばしい焼き目が
ついたものから取り出す。

c_ スペアリブは20～25分焼い
たら、表面にはちみつとクミン
シードを混ぜたものを塗り、再
び焼く。

チキンのディアブル風

Cuisse de poulet à la diable

フランスでは、刺激的な味に仕上げた料理のことを
小悪魔的という意味を込めて「ディアブル風」と呼びます。
ここではマスタードとこしょうをたっぷり使って！

材料（2人分）

鶏もも肉 … 小2枚（400〜500g）
塩 … 小さじ⅔
こしょう … 少々
ディジョンマスタード* … 小さじ2
粗びき黒こしょう … 適量
A
　パン粉 … 大さじ4
　オリーブ油 … 大さじ1½

サラダ油 … 小さじ1

＊ ディジョンマスタード … フランスのディジョン地方発祥の
まろやかで風味のよいマスタード

❶ 鶏肉の準備

鶏肉は余分な脂を取り除き、厚いところに切り込みを入れて開き、平らにする。塩、こしょうをよくなじませる。Aは混ぜ合わせる。

❷ フライパンで肉を焼き、取り出す

フライパンにサラダ油を入れ、鶏肉を皮目を下にして皮をぴったり貼りつけるよう入れ、中火にかける。3分ほど焼き、返して1分ほど焼き（中まで火が通らなくてよい）、取り出す。

❸ パン粉をのせ、オーブンで焼く

オーブンの天板にオーブンシートを敷き、②を皮目を上にして並べる。鶏肉の表面の脂をペーパータオルで押さえて拭き、マスタードを塗り、粗びき黒こしょうをたっぷりふり、Aを表面全体にのせる。180℃に予熱したオーブンで15分焼く。

point
_____

フライパンで焼いた鶏肉の皮目
にマスタードを塗り、パン粉を
のせ、オーブンで焼く。

カスレ
Cassoulet

フランス南西部の郷土料理です。有名な地域が3つあり、
鴨のコンフィ、豚足など、地域ごとに使用する肉はさまざま。
いずれも白いんげん豆の素朴な味わいが人気です。

材料（2〜3人分）

豚肩ロース肉（ブロックまたはステーキ用）
　…300g

ソーセージ … 4本

ゆで白いんげん豆（下記）* … 全量

玉ねぎ … ½個（100g）

にんじん … ½本

塩、こしょう … 各適量

オリーブ油 … 小さじ1＋小さじ2＋大さじ1

トマトペースト … 大さじ1

＊白いんげん豆 … 水煮缶300gを使用しても。
その場合は、水けをきって使用し、ゆで汁の代わりに水を使用する

白いんげん豆のゆで方

❶白いんげん豆（手亡）200gはさっと洗い、
たっぷりの水に一晩つけてもどす。

❷白いんげん豆はざるに上げて水けをきり、鍋に入れ、
ひたひたの水（4〜5カップ）、ローリエ1枚、
オリーブ油大さじ1を入れて中火にかける。
煮立ったらごく弱火にし、ふたをずらしてのせて30〜45分、
豆がやわらかくなるまで煮る。
＊途中で水が少なくなったら水を足し、
常に豆が水にひたっている状態を保つ。

---

❶ 具材の準備

豚肉は8等分に切り、塩小さじ½、こしょう少々
をよくなじませる。玉ねぎ、にんじんは1cm角
に切る。ゆで白いんげん豆は豆とゆで汁に分ける。

❷ 肉を焼き、取り出す

フライパンにオリーブ油小さじ1を入れて強めの
中火にかけ、油が熱くなったら豚肉を入れて焼き、
両面に軽く焼き色がついたら（中まで火が通らな
くてよい）取り出す。

❸ 野菜を蒸し煮にする

②のフライパンの余分な油脂をペーパータオル
で拭き、オリーブ油小さじ2、玉ねぎ、にんじん、
水⅓カップを入れ、ふたをして中火で3分蒸し煮
にする。ふたを取り、蒸し汁を煮飛ばし、トマト
ペーストを加えてさっとからめる。

❹ 野菜に豆、肉、ソーセージを加えて煮る

③に①の白いんげん豆のゆで汁1½カップ（足り
ない場合は水を足す）、塩小さじ⅓を加えてよく
混ぜ、白いんげん豆、②の豚肉を入れて混ぜ、ふ
たをしないで弱火で5分ほど煮る。ソーセージを
加えて塩、こしょうで味を調える。

❺ オーブンで焼く

耐熱容器に④を移し、オリーブ油大さじ1を全体
にかけ、180〜200℃に予熱したオーブンで15分
ほど焼く。全体が煮詰まり、軽く焼き色がついた
ら焼き上がり。

point

a_少ない水分で蒸し煮にした野
菜に豆、肉を加えて煮る。
b_耐熱容器に肉、豆、野菜を移し、
オーブンで香ばしく焼く。

パテ・ド・カンパーニュ

Pâté de campagne

田舎風のパテの名前を持つ、
伝統的なフランス料理です。レバーとひき肉の
割合を1：1にし、みちっと詰まった
クラシカルな味わいにしてご紹介します。

材料（700mℓの耐熱テリーヌ型1本分）
鶏レバー … 300g
豚ひき肉 … 300g
玉ねぎ … 50g
マッシュルーム … 3個
にんにく … 小1かけ
A
  卵 … 1個
  塩 … 小さじ1
  こしょう … 少々

サラダ油 … 小さじ1
赤ワイン、ブランデー … 各大さじ2
タイム … 2枝
ローリエ … 1枚

❶ 野菜の準備

マッシュルームは石づきを落とし、ペーパータオルで汚れを拭いて玉ねぎ、にんにくと共にみじん切りにする。フライパンにサラダ油を入れて中火にかけ、野菜を入れて甘い香りがするまで弱めの中火で3分ほど炒める。バットなどに移し、冷ます。

❷ レバーの準備

レバーは筋と脂を取って3〜4等分に切る。水の中で揺すり洗いし、血のかたまりを取り除き、きれいな水に5分ほどつけて血抜きし、再び水の中で揺すり洗いし、ペーパータオルで水けを拭く。フードプロセッサーに入れ、ピュレ状になるまで攪拌する。

❸ すべてを合わせる

ボウルに豚ひき肉、Aを入れ、ひき肉の粒がなくなるまでよく混ぜる。①の野菜を加えて混ぜ、②のレバーを加えてさらによく混ぜ、赤ワイン、ブランデーを加えてさらに混ぜる。

❹ オーブンで湯煎焼きにする

耐熱のテリーヌ型に③を流し入れて（焼き上がりをかたまりで抜き出したい場合は、耐熱テリーヌ型にオーブンペーパーを敷き込んでおく）平らにならし、タイムとローリエをのせる。サラダ油（分量外）を塗ったアルミホイルを油面を下にしてかぶせる（生地につかないようにのせる）。天板に熱湯をたっぷり注ぎ、170℃に予熱したオーブンで45分を目安に焼く。温度計で中心温度が70℃になったら焼き上がり。

＊湯がなくなりそうになったら、途中で足す。
＊電気オーブンの場合は、温度を上げず、焼き時間を長くする。

❺ 重しをして冷ます

④をオーブンから出し、ふくらむのを押さえるために焼き上がりに重し（テリーヌ型よりも一回り小さい長方形の段ボールをラップで2〜3重に包んでのせ、その上に缶詰などをのせる）をのせておき、完全に冷めたらラップをして冷蔵庫へ。一晩おいて肉汁を落ち着かせてから、食べる。冷蔵庫で5日保存可。

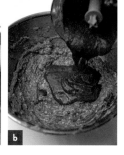

point

a_ 豚ひき肉はつぶすように混ぜるのがコツ。レバーとのなじみがよくなり、みちっとした食感に。
b_ フードプロセッサーでなめらかにしたレバーをひき肉に加えて混ぜる。

ひき肉のパイ包み焼き

Feuilleté de viande hachée

肉だねをパイシートで包んだおもてなし料理です。
サクサクのパイとジューシーな肉のコントラストがおいしい。
赤身のひき肉を使い、パイ皮に空気穴をしっかり開けて焼くのがポイントです。

材料（長さ20cmのもの1本分）

牛ひき肉（赤身）* … 80g

豚ひき肉（赤身）* … 80g

冷凍パイシート …（20cm角）1枚

マッシュルーム … 3個

玉ねぎ … 50g

サラダ油 … 小さじ1

小麦粉 … 大さじ1

A

> 塩 … 小さじ⅓
>
> こしょう、ナツメグ … 各少々
>
> パン粉 … 大さじ1

溶き卵 … 適量

＊赤身のひき肉が見つからない場合は、薄切り肉を刻む

❶ 冷凍パイシートの準備

冷凍パイシートを冷蔵庫で解凍する。

❷ 野菜を炒め、冷ます

マッシュルームは石づきを落とし、ペーパータオルで汚れを拭いて玉ねぎと共にみじん切りにする。フライパンにサラダ油を入れて中火にかけ、油が熱くなったら玉ねぎ、マッシュルームを入れ、しんなりして甘い香りがするまで5分ほど炒める。小麦粉大さじ½をふり入れて混ぜ、しっとりしたらバットなどに取り出し、冷ます。

❸ 肉だねを作る

ボウルに牛ひき肉、豚ひき肉、**A**を入れ、よく練り混ぜる。①の野菜、小麦粉大さじ½を加えてさらによく混ぜ、縦15×横7cmのかまぼこ状に形作る。

❹ パイシートで肉だねを包む

オーブンの天板にオーブンペーパーを敷いて冷凍パイシートをのせ、手前を2cmほど残して②の肉だねを横長にのせ、パイシートをかぶせる。重ねたパイシートの端を指でしっかり押さえ、さらにフォークでぎゅっと押さえる。余分なパイシートを包丁で切り取り、切り取ったパイシートで表面に飾りをつける。

＊途中で生地がだれてきたらそのまま作業を続けず、
冷蔵庫で冷やすと作業しやすい。

❺ オーブンで焼く

④に溶き卵を塗り、表面に菜箸で数カ所空気穴を開ける。200℃に予熱したオーブンで30〜40分、表面と底面にしっかり焼き色がつくまで焼く。オーブンから取り出し、10分以上おいてから切り分ける。

point

a_ パイシートの手前半分に肉だねをのせ、パイシートの向こう半分をかぶせ、肉だねを包む。

b_ パイシートの重ねた部分を指でしっかり押さえたら、フォークでさらに押さえながら、模様をつける。

c_ パイシートの縁を包丁で切り落とし、きれいに整える。切り落とした部分は飾りに使う。

d_ 切り落としたパイシートで飾りをつけ、溶き卵を塗り、菜箸で空気穴を開ける。穴が浅いと肉汁が漏れるので、しっかり開ける。

Column

肉料理と一緒に食べたい 生野菜

→ ロメインレタスとナッツのサラダ
(p.126)

→ アボカドとパクチーのサラダ
(p.126)

→ パインとキウイのミントサラダ
(p.127)

→ ズッキーニとディルのサラダ
(p.127)

ロメインレタスとナッツのサラダ

Salade de laitue aux fruits secs

ほのかな甘みと苦みのあるロメインレタス。
カリカリナッツをかけただけのシンプル味で。

材料（2人分）
ロメインレタス … 大2〜3枚（150g）
ミックスナッツ（ロースト・無塩、粗く刻む）
　… 大さじ2

【ビネグレットソース】
ディジョンマスタード* … 小さじ½
塩、こしょう … 各少々
赤ワインビネガー … 大さじ½
サラダ油 … 大さじ1
* ディジョンマスタード … フランスのディジョン地方発祥の
まろやかで風味のよいマスタード

❶ 野菜の準備
ロメインレタスは2cm幅に切り、水につけてパリッとさせ、水けを拭く。

❷ ビネグレットソースを作る
ボウルにマスタード、塩、こしょう、赤ワインビネガーを入れてよく混ぜる。塩が溶けたらサラダ油を少しずつ加え、さらによく混ぜる。

❸ 仕上げ
②に①を加え、あえる。器に盛り、ナッツをかける。

アボカドとパクチーのサラダ

Avocat à la coriandre

まったりクリーミーなアボカドに
さわやかレモンドレッシングがマッチ。

材料（2人分）
アボカド … 1個
パクチー … 適量

【レモンドレッシング】
レモン汁 … 小さじ1
塩、こしょう … 各少々
オリーブ油 … 小さじ2

粗びき黒こしょう（好みで）… 適量

❶ 野菜の準備
アボカドは種と皮を除き、くし形切りにする。パクチーは葉を摘む。

❷ ドレッシングを作る
ボウルにレモン汁、塩、こしょうを入れてよく混ぜ、塩が溶けたらオリーブ油を少しずつ加えながら混ぜる。

❸ 仕上げ
器にアボカドを盛り、パクチーをのせ、②をかける。好みで粗びき黒こしょうをふる。

パインとキウイのミントサラダ

Salade de fruit à la menthe

たんぱく質分解酵素たっぷりのパイン、キウイ。
肉料理と一緒に食べたいフルーツサラダです。

材料（2人分）
パイナップル … 150g
キウイ … 1個
ミント … 適量
コリアンダーシード … 小さじ½

【レモンドレッシング】
レモン汁 … 大さじ½
塩 … 少々
オリーブ油 … 大さじ1

❶ 具材の準備
パイナップル、キウイは一口大に切る。コリアンダーシードはペーパータオルで包み、空瓶などで上から押さえてつぶす。

❷ ドレッシングを作る
ボウルにレモン汁、塩を入れてよく混ぜ、塩が溶けたらオリーブ油を少しずつ加えながら混ぜる。

❸ あえる
②に①を加えてあえ、器に盛り、ミントを飾る。

ズッキーニとディルのサラダ

Courgette en carpaccio

生のズッキーニは独特の食感。
カルパッチョ風に並べ、チーズでコクをプラスして。

材料（2人分）
ズッキーニ … 小1本（100g）
ディル … 適量
パルミジャーノ・レッジャーノ … 適量
オリーブ油 … 大さじ½
塩、こしょう … 各少々

❶ 野菜の準備
ズッキーニはスライサーでごく薄く切る。ディルは葉を摘む。

❷ 仕上げ
器にズッキーニを並べ、パルミジャーノ・レッジャーノを削りながらのせ、ディルを散らす。オリーブ油、塩、こしょうを順にかける。

上田淳子 Junko Ueda

料理研究家。神戸市生まれ。辻学園調理技術専門学校卒業後、同校の西洋料理研究職員を経て渡欧。スイスのホテルやベッカライ（パン屋）、フランスではミシュランの星つきレストラン、シャルキュトリー（ハム・ソーセージ専門店）などで約3年間料理修業を積む。帰国後、シェフパティシエを経て、料理研究家として独立。自宅で料理教室を主宰するほか、雑誌やテレビ、広告などで活躍。確かな技術とわかりやすい教え方に定評がある。近著に『フランスの台所から学ぶ 大人のミニマルレシピ』（世界文化社）、『上田家ごはん 息子たちと一緒に育ったレシピ』（文化出版局）など。本書は『フランス人は、3つの調理法で野菜を食べる。』『フランス人が好きな3種の軽い煮込み。』などに続き、大好評の「フランス人の料理」シリーズ第8弾となる。

Instagram：ju.cook

Staff

撮影：新居明子
ブックデザイン：福間優子
スタイリング：花沢理恵
イラスト：布施月子
フランス語訳：Adélaïde GRALL ／ Juli ROUMET
校正：麦秋アートセンター
編集：飯村いずみ
DTP：小林 亮
プリンティングディレクション：江澤友幸（大日本印刷）
調理アシスタント：高橋ひさこ、田中美奈子

◎撮影協力
Verre（ヴェール） 03-5721-8013
ザッカワークス 03-3295-8787
ジョイント（リーノ・エ・リーナ） 03-3723-4270
ツヴィリング J.A. ヘンケルス ジャパン（STAUB） 0120-75-7155
デニオ総合研究所 03-6450-5711
ニッコー株式会社 0120-13-8625
FEELSEEN GINZA（フィールシーン銀座） 03-6260-6335
LOST AND FOUND TOKYO STORE 03-5454-8925

フランス人は、3つの調理法で肉を食べる。

2023年9月7日 発 行 　　　　　　　　　　　NDC596

著　　　者　　上田淳子

発　行　者　　小川雄一
発　行　所　　株式会社 誠文堂新光社
　　　　　　　〒113-0033 東京都文京区本郷3-3-11
　　　　　　　電話 03-5800-5780
　　　　　　　https://www.seibundo-shinkosha.net/
印刷・製本　　大日本印刷 株式会社